U0529792

陈敏 / 主编

中国法院类案检索与裁判规则专项研究丛书

中国法学会研究会支持计划
最高人民法院审判理论研究会主持

涉家庭暴力刑事案件裁判规则

人民法院出版社

图书在版编目（CIP）数据

涉家庭暴力刑事案件裁判规则 / 陈敏主编. -- 北京：人民法院出版社，2023.7
（中国法院类案检索与裁判规则专项研究丛书）
ISBN 978-7-5109-3269-4

Ⅰ. ①涉… Ⅱ. ①陈… Ⅲ. ①家庭问题－暴力－刑事犯罪－审判－案例－中国 Ⅳ. ①D924.345

中国国家版本馆CIP数据核字（2023）第013201号

中国法院类案检索与裁判规则专项研究丛书
涉家庭暴力刑事案件裁判规则
陈　敏　主编

策划编辑：赵　刚
责任编辑：杨佳瑞
封面设计：鲁　娟
出版发行：人民法院出版社
地　　址：北京市东城区东交民巷27号（100745）
电　　话：（010）67550638（责任编辑）67550558（发行部查询）
　　　　　　　　65223677（读者服务部）
客　服QQ：2092078039
网　　址：http://www.courtbook.com.cn
E－mail：courtpress@sohu.com
印　　刷：天津嘉恒印务有限公司
经　　销：新华书店

开　　本：787毫米×1092毫米　1/16
字　　数：246千字
印　　张：13.75
版　　次：2023年7月第1版　2023年7月第1次印刷
书　　号：ISBN 978-7-5109-3269-4
定　　价：52.00元

版权所有　　侵权必究

中国法院类案检索与裁判规则专项研究

首席专家组组长：姜启波

首席专家组成员（以姓氏笔画为序）：

丁文严　王保森　王　锐　王毓莹　代秋影　包献荣
刘俊海　李玉萍　李　明　杨　奕　吴光荣　沈红雨
宋建宝　陈　敏　范明志　周海洋　胡田野　袁登明
钟　莉　唐亚南　曹守晔　韩德强　黎章辉

涉家庭暴力刑事案件裁判规则

主　编：陈　敏

副主编：任国权

专家组（以姓氏笔画为序）：

方　勇　李含艳　任国权　陈　敏　陈铭哲　陈梦梦
陈修丽　郑　琼　夏宁安

序
一本精准指导执法办案的刑事案例教程

最高人民法院院长张军首席大法官强调指出,人民法院要组织编写集中反映案件审理中的难点、争点和痛点问题,能够指导广大法官公正高效办案的案例教程,使之充分发挥促进公正司法、统一裁判尺度的重要作用。这也是对案例法学研究提出的新要求新任务,必将开启司法案例研究与应用的新局面。笔者多年来比较关注司法案例研究活动,深感法学理论研究和办理具体案件都必须高度重视用好用活司法案例资源,对张军院长布置的案例研究工作新任务完全赞同并充满期待。

几日前,最高人民法院中国应用法学研究所(以下简称法研所)研究员陈敏同志将其主编的《涉家庭暴力刑事案件裁判规则》书稿送我,让我给该书写个序言。学习以后,感到这就是一本深入研究涉家庭暴力刑事案件处理中的疑难问题,系统总结此类案件裁判规则的案例教程。陈敏同志与8位作者精心挑选了近60个刑事司法案例,它们分别来自浙江、江苏、海南、青海、云南、广东、山东、安徽、江西、四川、河南、北京、湖北、贵州、重庆、福建、吉林、湖南等18个省(直辖市),并历经3年多时间,从这些案例中反复推敲、精心打磨出20条审理涉家庭暴力刑事案件的裁判规则。这些裁判规则集中展示了相关案例的法治价值,明确提出了裁判规则可以应用的案例类型,是本书的点睛之笔和价值所在。我认真研究了这些裁判规则和案例,没有发现不妥之处,深切感受到编著者们的专业水平和敬业精神。更值得称道的是,作者在每一条裁判规则下面,都附有对规则的描述及如何参照、应用的意见和建议,以帮助读者加深对裁判规则的理解和认识。此外,每条裁判规则后面都附有近期处理的相关案例及办案法官的裁判观点,道明了这些裁判规则的来源和出处。最后,作者还附上相关法律、司法解释和指导意见的具体规定,旨在说明裁判规则对这些规范的解释、应用与发展情况，从而大大增强了相关裁判规则的法理逻辑和参照权威。

近年来，人们经常引用"一个案例胜过一沓文件"来赞扬一个优秀司法案例或者典型裁判文书的价值作用，《涉家庭暴力刑事案件裁判规则》让人也能产生这样的感觉。近60个司法案例及其裁判规则所蕴含的法理意义和应用价值，在一些方面已经超越了现有司法解释和司法文件的规定，在不少问题上突出了理论创新、规则创新和实践创新，实属难能可贵。我不打算在这里罗列这些裁判规则，只简单作一下点评：**一是**相关案例和裁判规则正确厘清了家庭暴力的科学概念、基本特点、不同类型、产生原因、法律性质和法律后果。明确将家庭暴力归责为违法犯罪行为，是施暴者对受暴者的控制和霸凌，虽然貌似家庭矛盾但已不是家庭矛盾，办案机关处理相关案件时不得将其和家庭矛盾混为一谈。对于施暴者构成犯罪的案件，家庭暴力是酌情从重处罚的情节，不得以家庭矛盾为由予以轻处罚。**二是**相关案例和裁判规则表明了处理涉家庭暴力刑事案件中的正确立场。明确指出，家庭成员之间不论发生了什么矛盾，一方有什么过错，另一方都不得采取暴力方式解决矛盾，或者用暴力手段惩罚有过错的一方，否则须依法惩治并可以从重处罚。这条裁判规则既是依法治理家庭暴力的硬要求，也是践行人权司法保障原则的高要求，体现了对家庭暴力明确"说不"和"零容忍"的司法理念，不仅有助于贯彻实施《反家庭暴力法》，而且与传统陋习中的"打是亲骂是爱""两口子打架难免论"等是非不分的观点划清了界限，对于防止施暴者逃避法律惩罚意义重大。**三是**相关案例和裁判规则明确了人民法院在审理涉家庭暴力刑事案件的过程中，遇到需要解决与家庭暴力相关的法学、心理学和医学等方面的专业问题时，应当邀请相关业务领域的专家出庭作证，专家意见可以作为办案证据使用。这项制度创新对于提高涉家庭暴力刑事案件的审判质量具有重要作用，是刑事审判机制改革的一个亮点。**四是**相关案例和裁判规则明确了不堪忍受家庭暴力的受害者对施暴者实施反击或者报复行为，构成犯罪的，应当视为有正当防卫因素或者属于正当防卫性质，应当予以从轻处罚。包括为防止再次受到家庭暴力侵害而事先准备反击工具的，或者受害者邀请他人帮助实施防卫行为的，均可以认定受害者的行为具有防卫因素，符合正当防卫的，不定罪量刑，符合防卫过当的，可以从轻、减轻或免除处罚；受害者故意杀害施暴者的，一般要按照故意杀人罪的"情节较轻"定罪量刑；受害者实施较轻犯罪的，应当判处缓刑或者免予处罚。要坚决避免过去曾经出现过的和稀泥式做法：即对施暴者和受暴者各打五十大板，造成定罪量刑不当，让受暴者遭受犯罪伤害以后又受到过重刑罚的伤害。**五是**相关案例和裁判规则明确了在类似家庭关系中发生的暴力犯罪行为能否认定为家庭暴力，以及如何正确处理的问题，明确提出未婚同居关系事实上相当于家庭成员之间的关系，同居成员之间实施暴力行为的，可以视为家庭暴力并酌情从重处罚；婚姻关系异常期间如分居期间男方强行与女方发生性关系的，可以按照强奸罪定罪处罚；监护人利用优势地位与未成年人发生性关系的，无论未成年人是否同意，都必须依法定罪判刑并从严惩处；等等。这些裁判规则既顺应了当前婚姻家庭关系的新发展和新动向，也体现了编著者大胆探索、敢于为弱者特别是受暴者发声的担当精神，值得充分肯定。

综上，我觉得这本裁判规则对于办理涉家庭暴力刑事案件很有参考和启发价值，值得相关读者一读。**首先，办理涉家庭暴力刑事案件的司法人员有必要一读**。本书中的 20 条裁判规则及相关案例，都是针对司法实践中疑难争议问题作出的经验总结，是审理相关案件现成的、有参照价值的类案裁判成果。**其次，有家庭暴力经历的双方应当一读**。书中的案例及其裁判规则，都是冲着惩罚、预防和减少家庭暴力这个目标而去的，故施暴者读后会受到教育甚至震慑，促使其遏制发生冲突时实施家暴的冲动，以免因此而把自己变成了罪犯。与此同时，对经受过家庭暴力的受害者和面临家庭暴力威胁的受害者有温度有加持，这些案例及其规则能够指导他们如何应对家庭暴力，鼓励他们敢于拿起法律武器与家庭暴力行为作斗争，给他们提供法律上、精神上和专业上的支持。**另外，本书对那些关心、关注和研究家庭暴力的读者也很有价值**。本书是涉家庭暴力刑事案件如何依法公正处理的最新研究成果，是认识家庭暴力这种自家庭出现以来就有的不良社会现象及其最新司法处理方法与规则的一部案例法治作品，其思想性、专业性和人文精神都值得称道。同时，我也希望这些裁判规则像法条一样，会在相关案件的处理过程中经得起实践的检验并不断丰富发展。

我是陈敏同志的老同事，想借此机会多讲几句，因为和本书密切相关。陈敏同志是我任法研所所长时调入所里的。十多年来，她矢志不渝地以一个女性的视角，驰骋反性别歧视，特别是反家庭暴力司法领域，为保护被害妇女儿童的权益鼓与呼，作出了突出业绩和贡献，自己也成为一名家庭暴力问题专家。她是法研所发布的《涉及家庭暴力婚姻案件审理指南》（2008 年）的编写者，是家庭暴力受害者人身安全保护令制度的首位倡导者；[①]是人民法院审理涉家庭暴力刑事案件第一个出庭作证

---

① 人身安全保护令制度是法研所《涉及家庭暴力婚姻案件审理指南》（2008 年）第三章的内容。2008 年至 2015 年，该审理指南试点期间，全国试点法院共发出 780 多份人身安全保护裁定。

的专家证人（现已出庭10余次），发表的专家意见对案件公正处理发挥了重要作用；她同时也是这项改革的开拓者，积极参与并推动《反家庭暴力法》的出台，是司法领域反家庭暴力的领头人；她长期坚持与全国法院相关领域的一线法官切磋、沟通和交流，为他们建言献策排忧解难。她始终坚持把论文写在法庭上，把论文写在文件中，把论文写在案例里。本书中一些疑难案件的公正处理并取得的良好效果，就有陈敏同志的一份贡献。她虽然没有发表什么核心期刊论文，但她编写的《涉及家庭暴力婚姻案件审理指南》及《呐喊，中国女性反家庭暴力报告》（人民出版社2007年版），《涉家庭暴力案件审理技能》（人民法院出版社2013年版）等著作，至今仍是基层法院相关法官办理此类案件的手边书，对法官审理案件发挥的指导和参考作用任何学术论文恐难企及。

我担任法研所所长5年便离任，但陈敏同志的应用法学研究工作至今仍与我联系。合作共事的经历多成过往烟云，然有两件事情让我记忆犹新。一是当年某省有一位妇女，因为无法忍受丈夫长期的暴力殴打和蹂躏，一天夜里将其杀死后分尸烹尸。案情经媒体报道后，引发广泛关注，当地数千村民联名给办案机关写信，要求严惩凶手，被害人亲属也宣称不判被告人死刑绝不罢休。在一些网站和自媒体片面渲染杀人毁尸案情和某些落后理念的影响下，几家及几级办案机关对于被告人适用死刑几乎没有发生分歧意见，只有不少网民的意见分歧巨大，域外的一些妇女与人权组织对于被告人被判处死刑表示高度关注。全国妇联亦很关注该案被告人的命运，派员来咨询陈敏同志的意见，从而引发了陈敏同志的恻隐之心和救助之情。她坚定地认为被告人也是该杀人案件的被害人，长期、严重遭受家庭暴力伤害的被告人报复杀害施暴者的，不应该适用死刑。特别提出，被害妇女杀人以后毁尸或者藏尸，有的是被害人长期被虐心理的一种发泄行为，本质上是被家庭暴力长期伤害的后果，或者属于掩饰犯罪的行为。不论是哪种情形，都不属于故意杀人罪中的"主观恶性大""情节恶劣"或者"手段残忍"，应当视为杀人有因、情有可原而适用其他刑罚。陈敏同志便用自己擅长的专业知识写了一份报告，这个报告报给最高人民法院有关领导后受到了重视，最后，这位幸运的被告人就是因为有长期遭受家暴的情节和毁尸行为不属于"手段残忍"的认定，没有被核准死刑。而在此以前，不少办案机关通常将被告人杀人后毁坏尸体的行为，一概认定属于"情节恶劣"或者"手段残忍"，因此对被告人给予了重罚。该裁判结果公布以后，原本一片喊杀的舆情出现了大反转，国内外媒体一致对不核准死刑的处理结果给予高度评价，有的还认为这是一个"里程碑式"的判决。该案因此被中国社会科学院新闻与传播研究所、中国妇女报社和中国妇女发展基金会妇女新闻文化基金等单位组织评选为年度"性别平等十大新闻事件"之一。事后，最高人民法院主要院领导和分管法研所的院领导都肯定了陈敏同志及相关办案人员在死刑案件法律适用问题上表现出来的专业水平和担当精神，赞扬他们"守住了法律的底线"，从而成为这件类似"刀下留人"案幕后的一位真正英雄。

第二件往事是一项司法改革的实施。陈敏同志当时想把域外法院审判涉家庭暴力刑事案件时邀请专家证人出庭作证的做法，引入我国法院审理涉家暴案件的程序之中，并写了一个建议报告，希望最高人民法院组织开展这项改革并选择了几个试点法院。当时分管法研所的院领导是时任最高人民法院副院长的张军大法官，他非常支持并批准了这项改革探索。但是，当时选择的几个试点法院一时没有合适的案子可以试点，因为这类案子可遇而不可求。有一天，陈敏同志偶尔从媒体上看到安徽省马鞍山市发生了一起涉家庭暴力刑事案件，感到这是开展改革试点的理想个案，便要我帮助联系。我便给时任马鞍山市中级人民法院院长的杨良胜同志打了一个电话，请他支持这项改革探索。杨院长爽快答应并给予了大力支持和配合。当时，《人民法院报》等媒体对这项改革也很感兴趣，并第一时间在头版发了一个附有陈敏同志作为专家证人出庭照片的消息，马鞍山市中级人民法院主管刑事的副院长庭后也接受了多家媒体的采访，专家证人证言第一次被写入人民法院的判决书，这项改革从此在全国法院开枝散叶。后来，也正是在陈敏等同志的持续努力下，审判涉家庭暴力刑事案件必要时得邀请专家证人出庭作证，正式成为一项法律制度。

岁月如梭，人生苦短。陈敏同志居然也退休了。不过她对自己关注的反家暴事业依然初心不改、孜孜以求，还在不断地学习、调研和写作，其敬业精神让人敬佩。所以，最后我想用两句话来表达对她取得的工作业绩和学术成就的嘉许：推进法治进步，个人力量未必卑微；秉持悲悯情怀，学术见解亦有光热。这也是我乐意向法学、法律界的同仁和感兴趣的读者朋友们推荐这本案例研究作品的原因。

是为序。

胡云腾

2023年7月于北京

中国法院
类案检索与裁判规则专项研究
说　明

最高人民法院《人民法院第五个五年改革纲要（2019—2023）》提出"完善类案和新类型案件强制检索报告工作机制"。2020年9月发布的《最高人民法院关于完善统一法律适用标准工作机制的意见》（法发〔2020〕35号）对此进行了细化，并进一步提出"加快建设以司法大数据管理和服务平台为基础的智慧数据中台，完善类案智能化推送和审判支持系统，加强类案同判规则数据库和优秀案例分析数据库建设，为审判人员办案提供裁判规则和参考案例"。为配合司法体制综合配套改革，致力于法律适用标准统一，推进人民法院类案同判工作，中国应用法学研究所组织了最高人民法院审判理论研究会及其下设17个专业委员会的力量，开展中国法院类案检索与裁判规则专项研究，并循序推出类案检索和裁判规则研究成果。

最高人民法院审判理论研究会及其分会的研究力量主要有最高人民法院法官和地方各级人民法院法官，国家法官学院和大专院校的专家教授，国家部委与相关行业的专业人士。这些研究力量具有广泛的代表性，构成了专项研究力量的主体。与此同时，为体现法为公器，应当为全社会所认识，并利用优秀的社会专业人士贡献智力力量，专项研究中也有律师、企业法务参加，为专项研究提供经验与智慧，并参与和见证法律适用的过程。以上研究力量按照专业特长组成若干研究团队开展专项研究，坚持同行同专业同平台研究的基本原则。

专项研究团队借助大数据检索平台，形成同类案件大数据报告，为使用者提供同类案件裁判全景；从检索到的海量类案中，挑选可索引的、优秀的例案，为使用者提供法律适用参考，增加裁判信心，提高裁判公信；从例案中提炼出同类案件的裁判规则，分析裁判规则提要，提供给使用者参考。从司法改革追求的目标看，此项工作能够帮助法官从浩如烟海的同类案件中便捷找到裁判思路清晰、裁判法理透彻的好判决（例案），帮助法官直接参考从这些好判决中提炼、固化的裁判规则。如此，方能帮助法官在繁忙的工作中实现类案类判。中国法院类案检索与裁判规则专项研究，致力于统一法律适用，实现法院依法独立行使审判权与法官依法独立行使裁判权的统一。这也正是应用法学研究的应有之义。

专项研究的成果体现为电子数据和出版物（每年视法律适用的发展增减），内容庞大，需要大量优秀专业人力长期投入。有关法院裁判案件与裁判内容检索的人工智能并不复杂，算法也比较简单，关键在于"人工"，在于要组织投入大量优秀的"人工"建设优质的检索内容。专项研究团队中的专家学者将自己宝贵的时间、智力投入"人工"建设优质内容的工作中，不仅需要为统一我国法律适用、提升裁判公信力作出贡献的情怀，还需要强烈的历史感、责任感，具备科学的体系思维和强大的理性能力。此次专项研究持续得越久，越能向社会传达更加成熟的司法理性，社会也越能感受到蕴含在优质司法中的理性力量。

愿我们砥砺前行。

2022 年 9 月

涉家庭暴力刑事案件裁判规则

前　言

统一法律适用标准、规范司法裁量权行使，事关公民合法权益保障和社会公平正义。相同或者类似案件理应得出相同或者相类似的判决结果，即"类案类判"。但司法实践中，由于不同法官在人生阅历、知识背景、工作经验、性别理念等方面的差异，常常对类似案情的事实认定与法律适用存在较大差异，即"类案不类判"。涉家庭暴力刑事案件审判，就属于"类案不同判"现象比较突出，且社会关注度较高的案件类型之一。

为促进涉家庭暴力刑事案件审判的统一法律适用，本书以社会性别为视角，以当前审判实务中亟待厘清的家庭暴力概念认定、家庭暴力证据采信、以暴制暴正当防卫认定等疑难、复杂、重点、难点问题为抓手，从相关案例中发掘出裁判思路较清晰、裁判法理较透彻的54份判决（被告人和被害人的真实姓名已隐去），提炼出20条能体现反家庭暴力理念、具有示范价值的裁判规则，作为人民法院在审理类似案件时的借鉴和参考。

本书的编写，始于2019年春节后，至2022年春节后脱稿，一共三年多的时间，是本专项研究系列丛书成果中耗时最长的一本。由于案源难寻，编写组常常处于等米下锅、边搜、边编、边寻、边等的处境。其间，中国应用法学研究所两次代为向各地法院征集典型案例，才将将弥补了本书20条规则所需支持例案的不足。过程之艰辛，耗时之长，是编写组接受此项任务之前完全没有想到的。

需要着重说明的是，本书与丛书中其他裁判规则图书相比，没有大数据报告，原因是，根据法院裁判文书上网的相关规定，婚恋情感家庭关系中发生的故意杀人判处死刑案件以及强奸或性侵幼女等涉及隐私类案件不能在裁判文书网上公开，而这类案件的数量占据目前涉家庭暴力犯罪案件的半壁江山。若仅根据数据库中上传的部分裁判文书得出人民法院审理涉家庭暴力案件的大数据报告，会很难真实反映司法实践的全貌。为避免误导读者，编写组经过慎重讨论，并在征得出版社编辑的同意后，忍痛割舍了已经付出大量时间和精力的大数据及其分析报告。

本书初稿仅有17万字。按照策划，此专项研究成果中的每本书均应不少于20万字。但是，囿于涉家庭暴力刑事案件审判领域普遍存在的认识误区，现有裁判文书网上能够体现反家庭暴力理念的典型例案数量并不多，且存在诸多问题，比如，混淆了"家庭暴力"和"家庭纠纷"的概念；又比如，在防卫认定上以"人死为大"和稀泥；还比如，侦查机关未进行家庭暴力史的取证工作而导致案件证据先天不足；再比如，法官对家庭暴力事实的法庭调查或引导控辩双方辩论不够充分等。有一些虽具有典型例案潜质的说理或判决，但因为定罪有偏差，或者量刑结果不尽如人意，或者事实认定只言片语导致说理不充分，或者裁判说理和论证乏力，又难堪典型例案裁判规则之大任，让编写组痛心不已。为弥补上述不足，编写组多次开会讨论，集思广益，最后决定对一些例案中涉及家庭暴力的事实认定语焉不详的判决书，尽可能从所附证据清单中补齐完善细节。一些原本被判决书一笔带过的"家庭琐事"，也在我们的细节补充中呈现出是非黑白，最终使本书稿字数基本达到系列丛书的统一标准。

本书 20 条规则下，可入选的例案少于所需，甚至有两个例案（王某丽故意伤害案、薛某某故意杀人案）分别被用于两条规则。此外，部分判决书在事实认定部分的论述过于简明扼要，在说理部分也存在只言片语、一笔带过的现象。

为了节约读者检索时间，本书在体例上也作了全新尝试，目录一改案例分析类书籍中按照程序、实体分类并以罪名章节为序的常规编排模式，根据家庭暴力犯罪案件和法院审判工作的特点，以身体暴力和性侵暴力对规则进行划分，并以施暴人/受暴人对被告人身份进行二元区分，全书各条规则的展开递进完全遵循涉家庭暴力案件审判的内在逻辑，使得相关主题更加清晰明确，读者检索也更加一目了然。

成书前，编写组对全部 20 条裁判规则逐条进行了反复打磨和推敲，并专门邀请最高人民法院资深刑事法官和专家学者参加线上论证会进行修改完善，同时，为尽量避免错误和遗漏，全书先后统稿两次，分别由陈敏和任国权完成。尽管如此，本书遗漏和不足之处仍在所难免，请读者不吝批评指正。

撰稿人（按撰写章节顺序排列）：

江苏省苏州市姑苏区人民检察院检察官陈梦梦，负责规则第 1 条、第 10 条的撰写；

浙江省温州市中级人民法院法官郑琼，负责规则第 2 条、第 3 条、第 4 条的撰写；

浙江省温州市中级人民法院法官陈铭哲，负责规则第 5 条、第 9 条的撰写；

浙江省乐清市人民法院法官陈修丽，负责规则第 6 条、第 14 条的撰写；

浙江省温州市中级人民法院法官李含艳，负责规则第 7 条、第 8 条、第 11 条的撰写；

中国应用法学研究所研究员陈敏，负责规则第 12 条、第 15 条的撰写；

浙江省温州市中级人民法院法官夏宁安，负责规则第 13 条、第 20 条的撰写；

浙江省文成县人民法院法官任国权，负责规则第 16 条的撰写；

浙江省温州市中级人民法院法官方勇，负责规则第 17 条、第 18 条、第 19 条的撰写。

《涉家庭暴力刑事案件裁判规则》编写组

涉家庭暴力刑事案件裁判规则

凡　例

一、法律法规

1.《中华人民共和国刑法》(2020年修正)，简称《刑法》。

2.《中华人民共和国民法典》，简称《民法典》。

3.《中华人民共和国刑事诉讼法》(2018年修正)，简称《刑事诉讼法》。

4.《中华人民共和国反家庭暴力法》，简称《反家庭暴力法》。

5.《中华人民共和国未成年人保护法》，简称《未成年人保护法》。

6.《中华人民共和国治安管理处罚法》，简称《治安管理处罚法》。

7.《中华人民共和国刑法修正案（十一）》，简称《刑法修正案（十一）》。

二、司法解释及司法文件

1.《最高人民法院关于适用〈中华人民共和国刑事诉讼法〉的解释》(2012年施行)，简称《刑事诉讼法司法解释》(2012年)。

2.《最高人民法院关于适用〈中华人民共和国刑事诉讼法〉的解释》(2021年施行)，简称《刑事诉讼法司法解释》(2021年)。

3.《最高人民法院关于适用〈中华人民共和国民法典〉婚姻家庭编的解释（一）》，简称《民法典婚姻家庭编司法解释（一）》。

4.《最高人民法院、最高人民检察院关于办理强奸、猥亵未成年人刑事案件适用法律若干问题的解释》，简称《办理强奸、猥亵未成年人案件解释》。

5.《最高人民法院、最高人民检察院、公安部、司法部印发〈关于依法办理家庭暴力犯罪案件的意见〉的通知》，简称《办理家暴案件意见》。

6.《全国法院维护农村稳定刑事审判工作座谈会纪要》，简称《维护农村稳定刑事审判纪要》。

7.《最高人民法院关于贯彻宽严相济刑事政策的若干意见》，简称《宽严相济意见》。

8.《最高人民法院、最高人民检察院、公安部、司法部关于对判处管制、宣告缓刑的犯罪分子适用禁止令有关问题的规定（试行）》，简称《管制、宣告缓刑的犯罪分子适用禁止令规定》。

9.《最高人民法院、最高人民检察院、公安部、司法部关于依法惩治性侵害未成年人犯罪的意见》，简称《惩治性侵未成年人犯罪意见》。

10.《最高人民法院、最高人民检察院、公安部关于依法适用正当防卫制度的指导意见》，简称《适用正当防卫指导意见》。

11.《最高人民法院、最高人民检察院、公安部、司法部关于办理性侵害未成年人刑事案件的意见》，简称《办理性侵害未成年人案件意见》。

三、司法技术鉴定规范

1.司法部司法鉴定技术规范之《精神障碍者刑事责任能力评定指南（SF/Z JD0104002-2016）》（2016年修订版），简称《精神障碍者刑事责任能力评定指南》。

目　录

第一部分　涉家庭暴力刑事案件裁判规则摘要　// 001

第二部分　涉家庭暴力刑事案件裁判规则　// 011

涉家庭暴力刑事案件裁判规则第 1 条：实施家庭暴力致人伤亡而构成犯罪的，不宜以"因婚姻、家庭矛盾引发"为由予以从轻处罚　// 013

一、可供参考的例案　/ 013
　　例案一：刘某惠故意杀人案（施暴人犯罪）/ 013
　　例案二：丁某军故意杀人案（施暴人犯罪）/ 014
　　例案三：陈某勋故意伤害案（施暴人犯罪）/ 016
二、裁判规则提要　/ 017
三、辅助信息　/ 019

涉家庭暴力刑事案件裁判规则第 2 条：涉及家庭暴力领域的专业知识时，有必要邀请家庭暴力问题专家出庭作证　// 022

一、可供参考的例案　/ 022

例案一：柳某菊故意杀人案（受暴人犯罪）/ 022
例案二：王某洁故意杀人案（受暴人犯罪）/ 024
例案三：薛某某故意杀人案（施暴人犯罪）/ 026
二、裁判规则提要 / 030
三、辅助信息 / 032

涉家庭暴力刑事案件裁判规则第 3 条：同居暴力应认定为家庭暴力 //034

一、可供参考的例案 / 034
例案一：张某故意伤害案（施暴人犯罪）/ 034
例案二：郑某和故意杀人案（施暴人犯罪）/ 035
例案三：曹某故意杀人案（受暴人犯罪）/ 036
二、裁判规则提要 / 038
三、辅助信息 / 040

涉家庭暴力刑事案件裁判规则第 4 条：对实施分手暴力构成犯罪的刑事被告人，不应以案件因婚恋、家庭纠纷引发为由予以从轻处罚 //042

一、可供参考的例案 / 042
例案一：陈某纯故意杀人案（施暴人犯罪）/ 042
例案二：肖某伟绑架案（施暴人犯罪）/ 044
例案三：徐某新故意伤害案（施暴人犯罪）/ 045
二、裁判规则提要 / 047
三、辅助信息 / 050

涉家庭暴力刑事案件裁判规则第 5 条：被害人或其亲属出具的谅解意见并不必然具有撤销案件选择权或者从轻处罚的法律意义　//052

一、可供参考的例案　/052

例案一：李某某故意伤害案（施暴人犯罪）/052

例案二：张某亮故意伤害案（施暴人犯罪）/054

例案三：余某某、黄某美故意伤害案（施暴人犯罪）/055

二、裁判规则提要　/056

三、辅助信息　/058

涉家庭暴力刑事案件裁判规则第 6 条：对家庭暴力案件的施暴人应慎用缓刑。判处缓刑的，应同时适用禁止令　//060

一、可供参考的例案　/060

例案一：诸葛某某故意伤害案（施暴人犯罪）/060

例案二：姚某兵故意伤害案（施暴人犯罪）/061

例案三：于某某故意伤害案（施暴人犯罪）/062

二、裁判规则提要　/063

三、辅助信息　/065

涉家庭暴力刑事案件裁判规则第 7 条：对有既往实施家庭暴力行为的被告人，不认定为初犯，且可予以从重处罚　//067

一、可供参考的例案　/067

例案一：占某某故意伤害案（施暴人犯罪）/067

例案二：薛某某故意杀人案（施暴人犯罪）/ 068
例案三：孙某故意伤害案（施暴人犯罪）/ 070
二、裁判规则提要 / 071
三、辅助信息 / 072

涉家庭暴力刑事案件裁判规则第 8 条：对有酗酒、吸毒、赌博等恶习的施暴人，应予以酌情从重处罚 // 074

一、可供参考的例案 / 074
例案一：李某故意伤害案（施暴人犯罪）/ 074
例案二：张某成故意杀人案（施暴人犯罪）/ 075
例案三：陈某某故意杀人案（施暴人犯罪）/ 077
二、裁判规则提要 / 078
三、辅助信息 / 080

涉家庭暴力刑事案件裁判规则第 9 条：导致被害人轻伤以上后果的虐待行为，以重罪故意伤害罪处罚；同时有其他持续性、经常性的虐待行为，情节恶劣的，以故意伤害罪和虐待罪并罚 // 082

一、可供参考的例案 / 082
例案一：邓某芳故意伤害案（施暴人犯罪）/ 082
例案二：孙某胜、王某洁故意伤害、虐待案（施暴人犯罪）/ 083
例案三：张某光、王某惠故意伤害、虐待案（施暴人犯罪）/ 085
二、裁判规则提要 / 088
三、辅助信息 / 091

涉家庭暴力刑事案件裁判规则第 10 条：在以暴制暴的故意杀人案件中，应以认定故意杀人"情节较轻"为原则，同时对被告人依法可以适用缓刑 // 095

一、可供参考的例案 / 095
　　例案一：曾某英故意杀人案（受暴人犯罪） / 095
　　例案二：王某洁故意杀人案（受暴人犯罪） / 096
　　例案三：陈某英故意杀人案（受暴人犯罪） / 098
二、裁判规则提要 / 099
三、辅助信息 / 102

涉家庭暴力刑事案件裁判规则第 11 条：故意杀人案被告人同时具备"以暴制暴"和毁坏尸体情节的，仍应认定故意杀人"情节较轻"，并在有期徒刑三年至十年范围内考虑分尸等情节对量刑的影响 // 104

一、可供参考的例案 / 104
　　例案一：金某春故意杀人案（受暴人犯罪） / 104
　　例案二：胡某梅故意杀人案（受暴人犯罪） / 106
二、裁判规则提要 / 108
三、辅助信息 / 110

涉家庭暴力刑事案件裁判规则第 12 条：在"以暴制暴"故意杀人案件中，认定防卫行为是否明显超过必要限度，应以联系的眼光查明案件起因、双方的行为性质及被告人的心理现实 // 111

  一、可供参考的例案 / 111
    例案一：王某丽故意伤害案（受暴人正当防卫）/ 111
    例案二：江某某、陈某柏故意伤害案（受暴人亲友正当防卫）/ 114
  二、裁判规则提要 / 116
  三、辅助信息 / 119

涉家庭暴力刑事案件裁判规则第 13 条：受暴人事先准备防卫工具的行为，不影响其防卫意图的认定 // 121

  一、可供参考的例案 / 121
    例案一：陶某青故意伤害案（受暴人防卫过当犯罪）/ 121
    例案二：王某丽故意伤害案（受暴人正当防卫）/ 124
    例案三：赵某华故意伤害案（受暴人防卫过当犯罪）/ 126
  二、裁判规则提要 / 127
  三、辅助信息 / 130

涉家庭暴力刑事案件裁判规则第 14 条：家庭暴力引发"以暴制暴"刑事案件中，被害人实施家庭暴力的过错，应减轻受暴人亲友及其他受邀同案被告人的罪责 // 133

  一、可供参考的例案 / 133

　　　　例案一：包某某故意伤害案（受暴人兄弟犯罪）/ 133

　　　　例案二：蔡某某、吴某某故意杀人，富某某故意伤害案（受暴人及受邀人员犯罪）/ 134

　　　　例案三：魏某炳等六人故意伤害案（受暴人亲友犯罪）/ 136

　　二、裁判规则提要 / 138

　　三、辅助信息 / 139

涉家庭暴力刑事案件裁判规则第15条：心理测评报告可以作为对性侵案件被告人定罪量刑的证据 // 141

　　一、可供参考的例案 / 141

　　　　例案一：曹某明、管某英强奸案（养母和情人犯罪）/ 141

　　　　例案二：张某生强奸案（亲生父亲犯罪）/ 143

　　二、裁判规则提要 / 144

　　三、辅助信息 / 146

涉家庭暴力刑事案件裁判规则第16条："一对一"证据体系的性侵害家庭成员案件，被害人所作符合逻辑和经验法则的陈述可以作为认定案件事实的关键证据 // 148

　　一、可供参考的例案 / 148

　　　　例案一：钱某某强奸案（亲生父亲犯罪）/ 148

　　　　例案二：冯某某强奸案（亲生父亲犯罪）/ 149

　　　　例案三：王某强奸案（亲生儿子犯罪）/ 151

　　二、裁判规则提要 / 152

　　三、辅助信息 / 154

涉家庭暴力刑事案件裁判规则第 17 条：有共同家庭生活关系的人员利用优势地位或者被害人孤立无援境地与已满 14 周岁的未成年女性发生性关系的，应认定违背未成年人性意志 // 156

一、可供参考的例案 / 156
  例案一：戴某某强奸案（母亲的同居男友犯罪）/ 156
  例案二：岑某某、方某猥亵儿童、强奸案（姑父姑母犯罪）/ 159
  例案三：徐某松猥亵儿童、强奸案（继父犯罪）/ 160
二、裁判规则提要 / 161
三、辅助信息 / 165

涉家庭暴力刑事案件裁判规则第 18 条：利用教养、监护关系多次强奸未成年女性、奸淫幼女的，应认定强奸妇女、奸淫幼女"情节恶劣" // 167

一、可供参考的例案 / 167
  例案一：张某某强奸案（继父犯罪）/ 167
  例案二：谢某清强奸案（亲生父亲犯罪）/ 169
  例案三：赵某某强奸案（亲生父亲犯罪）/ 170
二、裁判规则提要 / 171
三、辅助信息 / 173

涉家庭暴力刑事案件裁判规则第 19 条：性侵害对象为未成年人的，应当判赔心理康复治疗费用 // 175

一、可供参考的例案 / 175

　　　　例案一：劳某飞强奸案（继父犯罪）/ 175

　　　　例案二：邢某某强制猥亵案（继父犯罪）/ 177

　二、裁判规则提要　/ 179

　三、辅助信息　/ 181

涉家庭暴力刑事案件裁判规则第 20 条：非正常婚姻状态下，丈夫违背妻子意志与之发生性关系的，构成强奸　// 183

　一、可供参考的例案　/ 183

　　　　例案一：崔某某强奸案（分居期间丈夫犯罪）/ 183

　　　　例案二：金某某强奸案（分居期间丈夫犯罪）/ 184

　　　　例案三：毛某刚强奸案（分居期间丈夫犯罪）/ 185

　二、裁判规则提要　/ 187

　三、辅助信息　/ 189

第一部分
涉家庭暴力刑事案件裁判规则摘要

⚠ 涉家庭暴力刑事案件裁判规则第 1 条：

实施家庭暴力致人伤亡而构成犯罪的，不宜以"因婚姻、家庭矛盾引发"为由予以从轻处罚

【规则描述】 家庭暴力不是家庭纠纷。实施家庭暴力致人伤亡而构成犯罪的，施暴人具有单方面的严重过错，且主观恶性较深。若以"因婚姻、家庭矛盾引发"为由予以从轻处罚，等于认可在婚恋和家庭关系中一方可以恃强凌弱，有悖公平正义的司法价值观。因此，不宜以"因婚姻、家庭矛盾引发"为由予以从轻处罚。

⚠ 涉家庭暴力刑事案件裁判规则第 2 条：

涉及家庭暴力领域的专业知识时，有必要邀请家庭暴力问题专家出庭作证

【规则描述】 家庭暴力问题专家，既有家庭暴力的专业理论知识，又有长期接触家庭暴力受暴人的实践经验，法庭在必要时可以邀请家庭暴力问题专家作为有专门知识的人出庭。其在法庭上针对家庭暴力领域出具的专业意见，在法庭认定案件起因、过错责任、家庭暴力行为与犯罪行为的因果关系等重要事实时，可作为证据使用。

⚠ 涉家庭暴力刑事案件裁判规则第 3 条：

同居暴力应认定为家庭暴力

【规则描述】 发生在同居者之间的暴力，具有情感依赖性、控制性、隐蔽性、反复性等特征，符合家庭暴力的典型特征，应认定为家庭暴力。

涉家庭暴力刑事案件裁判规则第 4 条：

对实施分手暴力构成犯罪的刑事被告人，不应以案件因婚恋、家庭纠纷引发为由予以从轻处罚

【规则描述】 分手暴力是家庭暴力的延续和升级。人民法院在审理因分手、离婚纠纷引发的故意伤害、故意杀人、绑架、非法拘禁等侵害人身安全的刑事案件时，应注重审查案件中是否存在家庭暴力情节，仔细甄别分手暴力与普通婚恋、家庭纠纷。对实施分手暴力构成犯罪的被告人，不应以婚恋、家庭纠纷引发为由而予以从轻处罚。

涉家庭暴力刑事案件裁判规则第 5 条：

被害人或其亲属出具的谅解意见并不必然具有撤销案件选择权或者从轻处罚的法律意义

【规则描述】 涉家庭暴力刑事案件中，部分被害人系未成年人，心智尚未成熟，尚不具备独立判断能力，更不具备权利处分能力；部分被害人亲属兼具被告人亲属的双重身份，谅解中掺杂亲情、子女抚养、物质利益等考量，故相关谅解意见实际上并不当然具有撤销案件选择权或从轻处罚的法律意义。人民法院应当根据是否符合刑罚公正的基本要求、加害人是否真诚悔罪、被害人是否真实谅解三个方面，综合判断是否在具体个案中适用被害人谅解从宽制度。

涉家庭暴力刑事案件裁判规则第 6 条：

对家庭暴力案件的施暴人应慎用缓刑。判处缓刑的，应同时适用禁止令

【规则描述】 家庭暴力行为人施暴的核心，是为了控制，其往往呈现周期性、反复性循环发生的特征。为最大限度地威慑施暴人，保护被害人，对有家庭暴力行为的被告人，应慎用缓刑。若需要适用缓刑，应同时适用禁止令。

涉家庭暴力刑事案件裁判规则第7条：

对有既往实施家庭暴力行为的被告人，不认定为初犯，且可予以从重处罚

【规则描述】 家庭暴力具有从轻到重的规律。实施家庭暴力构成刑事案件时，是因为被告人对被害人实施了最新的，而非初次的暴力行为，且造成了严重的伤害后果，被告人虽从未因以往实施的暴力行为受到法律惩罚，但不代表其是第一次对家人施暴。因此，对有既往实施家庭暴力行为的被告人追究刑事责任时，未受行政、司法惩处不是认定为初犯的理由，而是酌情从重处罚的情节。

涉家庭暴力刑事案件裁判规则第8条：

对有酗酒、吸毒、赌博等恶习的施暴人，应予以酌情从重处罚

【规则描述】 醉酒、吸毒、赌博等不良嗜好不会导致一个本来没有家庭暴力倾向的人对家人施暴，但一个有家庭暴力倾向的人，若伴有上述不良嗜好，其实施的家庭暴力的严重程度会增强，因此，具有上述不良嗜好的被告人因实施家庭暴力构成犯罪时，应酌情予以从重处罚，且因酗酒、吸毒所致精神病变不必然减轻其刑事责任。

涉家庭暴力刑事案件裁判规则第9条：

导致被害人轻伤以上后果的虐待行为，以重罪故意伤害罪处罚；同时有其他持续性、经常性的虐待行为，情节恶劣的，以故意伤害罪和虐待罪并罚

【规则描述】 虐待实质上是家庭成员间强者对弱者经常性、持续性、反复性的故意伤害行为。造成被害人轻伤以上后果的虐待行为，系同一行为同时触犯虐待罪和故意伤害罪，以较重的故意伤害罪处罚；同时有其他持续性、经常性的虐待行为，情节恶劣的，系实施了两种犯罪行为，符合两个犯罪构成要件，应以故意伤害罪和虐待罪并罚。

⚖ 涉家庭暴力刑事案件裁判规则第 10 条：

在以暴制暴的故意杀人案件中，应以认定故意杀人"情节较轻"为原则，同时对被告人依法可以适用缓刑

【规则描述】 以暴制暴的故意杀人案件往往是被害人对被告人长期实施严重家庭暴力引发，被害人具有重大过错。被告人的杀人动机是为了反抗、摆脱家庭暴力，具有防卫因素，主观恶性较小。对这类案件中的被告人，一般应以认定故意杀人"情节较轻"为原则，同时对被告人依法可以适用缓刑。

⚖ 涉家庭暴力刑事案件裁判规则第 11 条：

故意杀人案被告人同时具备"以暴制暴"和毁坏尸体情节的，仍应认定故意杀人"情节较轻"，并在有期徒刑三年至十年范围内考虑分尸等情节对量刑的影响

【规则描述】 "以暴制暴"故意杀人案件中被告人的量刑轻重与被害人的过错程度成反比，应以认定故意杀人"情节较轻"为原则。毁坏尸体行为不属于故意杀人罪主观恶性和行为手段范畴，不阻却故意杀人"情节较轻"的认定。同时具备"以暴制暴"和故意毁坏尸体情节的故意杀人案件，仍应首先考虑"以暴制暴"属于故意杀人罪中情节较轻之情形，在有期徒刑三年至十年间确定基准刑，再考虑分尸等情节对量刑的影响。

⚖ 涉家庭暴力刑事案件裁判规则第 12 条：

在"以暴制暴"故意杀人案件中，认定防卫行为是否明显超过必要限度，应以联系的眼光查明案件起因、双方的行为性质及被告人的心理现实

【规则描述】 认定案件起因，应当查明被告人既往是否存在受暴史，并将其与案发时的再次受暴联系起来。认定行为性质，应当考虑受暴史对被告人心理和认知的影响。认定防卫行为是否明显超过必要限度，应当设身处地地以受暴人的眼光看待现场处境、面临的危险及其遭受家庭暴力的严重程度，以判断其采取的防卫措施是否合理。

涉家庭暴力刑事案件裁判规则第 13 条：

受暴人事先准备防卫工具的行为，不影响其防卫意图的认定

【规则描述】 在家庭暴力关系中，施暴行为具有周期性规律，受暴人可因多次受暴而获得对家暴行为的预见能力，其因提前预判到施暴人可能的不法侵害，而事先准备防卫工具，并在遭到施暴人伤害时以该工具反击，无论该防卫工具是日常携带还是事先准备，均不影响防卫意图的认定。

涉家庭暴力刑事案件裁判规则第 14 条：

家庭暴力引发"以暴制暴"刑事案件中，被害人实施家庭暴力的过错，应减轻受暴人亲友及其他受邀同案被告人的罪责

【规则描述】 家庭暴力引发"以暴制暴"刑事案件中的犯罪主体，除被告人（原受暴人）外，有时还包括被告人的亲友和其他受邀参与人员。追究上述人员的罪责时，应考虑被害人长期对被告人实施家庭暴力的前因，以及被告人犯罪动机的可宽恕性所体现出的较弱的人身危险性和社会危害性因素，减轻其罪责。

涉家庭暴力刑事案件裁判规则第 15 条：

心理测评报告可以作为对性侵案件被告人定罪量刑的证据

【规则描述】 心理测评报告是指有专门知识的人出具的检验报告。这类报告可以在相当程度上反映性侵案件被害人所受心理伤害的严重程度，印证被害人陈述的真实性，因此可以作为对被告人定罪量刑的重要参考和证据使用。

涉家庭暴力刑事案件裁判规则第 16 条：

"一对一"证据体系的性侵害家庭成员案件，被害人所作符合逻辑和经验法则的陈述可以作为认定案件事实的关键证据

【规则描述】 性侵害家庭成员的犯罪案件，被告人拒不供认或翻供致证据体系"一对一"时，对案件来源和揭发过程符合常情常理，取证程序符合法律规范，陈述内容符合认知、记忆和表达能力的被害人陈述，法院应当采信并作为认定性侵事实的关键证据。

涉家庭暴力刑事案件裁判规则第 17 条：

有共同家庭生活关系的人员利用优势地位或者被害人孤立无援境地与已满 14 周岁的未成年女性发生性关系的，应认定违背未成年人性意志

【规则描述】 与未成年女性长期或稳定共同生活，并形成一种固定的家庭成员之间关系的，即便不具有法定监护、收养关系，亦应当认定是与未成年女性"有共同家庭生活关系的人员"。除非有充分证据证实被害人完全自愿，而不是出于经济依附、物质引诱等原因，有共同家庭生活关系的人员与已满 14 周岁的未成年女性发生性关系，均应认定其利用优势地位或被害人孤立无援的境地，构成强奸罪。即使是已满 14 周岁未满 16 周岁的未成年女性确实是自愿与其发生性关系的情况下，也应以负有照护职责人员性侵罪定罪处罚。

涉家庭暴力刑事案件裁判规则第 18 条：

利用教养、监护关系多次强奸未成年女性、奸淫幼女的，应认定强奸妇女、奸淫幼女"情节恶劣"

【规则描述】 利用教养、监护关系多次强奸未成年女性、奸淫幼女的，有多项从严量刑情节。将利用教养、监护关系多次强奸未成年女性、奸淫幼女的行为认定为强奸妇女、奸淫幼女情节恶劣，符合罪责刑相适应原则，符合量刑规范化的要求。

涉家庭暴力刑事案件裁判规则第 19 条：

性侵害对象为未成年人的，应当判赔心理康复治疗费用

【规则描述】 性侵害犯罪行为导致被害人承担的心理康复治疗费用是实际物质损失，包括已经发生的损失和必然遭受的损失。在办理性侵害未成年人案件时判赔心理康复治疗费用，于法有据。

涉家庭暴力刑事案件裁判规则第 20 条：

非正常婚姻状态下，丈夫违背妻子意志与之发生性关系的，构成强奸

【规则描述】 缔结婚姻关系并不意味着配偶双方须给予对方无条件及不可收回的性交同意，在夫妻双方处于分居、离婚诉讼或者婚姻关系名存实亡等非正常婚姻状态下，妻子可不履行夫妻间同居义务的承诺，丈夫违背妻子意志强行发生性关系的，构成强奸。

第二部分
涉家庭暴力刑事案件裁判规则

涉家庭暴力刑事案件裁判规则第 1 条：
实施家庭暴力致人伤亡而构成犯罪的，不宜以"因婚姻、家庭矛盾引发"为由予以从轻处罚

【规则描述】　　家庭暴力不是家庭纠纷。实施家庭暴力致人伤亡而构成犯罪的，施暴人具有单方面的严重过错，且主观恶性较深。若以"因婚姻、家庭矛盾引发"为由予以从轻处罚，等于认可在婚恋和家庭关系中一方可以恃强凌弱，有悖公平正义的司法价值观。因此，不宜以"因婚姻、家庭矛盾引发"为由予以从轻处罚。

一、可供参考的例案

例案一：刘某惠故意杀人案（施暴人犯罪）

【法院】
　　一审：浙江省温州市中级人民法院
　　二审：浙江省高级人民法院

【案号】
　　一审：（2020）浙 03 刑初 8 号
　　二审：（2020）浙刑终 152 号

【控辩双方】
　　原公诉机关：浙江省温州市人民检察院
　　上诉人（原审被告人）：刘某惠

【基本案情】
　　被告人刘某惠和被害人胡某某系夫妻关系，其因饮酒过度致酒精依赖，在长达 20 余年的婚姻中动辄酒后辱骂、殴打胡某某。刘某惠打零工所挣收入用于饮酒，还

经常向胡某某要钱，索要不得便殴打胡某某。2019年5月5日，胡某某因害怕刘某惠伤害自己而到娘家暂住，直至5月8日回到其与刘某惠二人居住的家中。5月8日的中午和晚上，刘某惠均有饮酒。次日凌晨，因家庭琐事及经济压力，刘某惠与胡某某在家中二楼卧室发生争吵，胡某某被摔倒在地，其间，刘某惠坐在胡某某身上，用双手猛掐胡某某颈部，并将胡某某的后脑往地上砸，致胡某某当场死亡。刘某惠案发后自杀未遂。经鉴定，被害人胡某某系遭徒手掐颈致机械性窒息死亡；刘某惠有酒精所致的精神和行为障碍，具有限定刑事责任能力。

一审法院依照《刑法》第232条、第18条第3款、第67条第3款、第48条第1款、第57条第1款之规定，以故意杀人罪判处被告人刘某惠死刑，缓期二年执行，剥夺政治权利终身。

刘某惠上诉及二审辩护人提出，本案系因家庭矛盾引发，刘某惠杀人动机不明显，原判定性错误，量刑过重，请求二审法院改判有期徒刑。

二审法院经审理，作出裁定：驳回上诉，维持原判。

【案件争点】

具有家暴史的被告人，案发时实施家庭暴力导致被害人死亡的，能否认定案件系婚姻、家庭矛盾引发而予从轻处罚。

【裁判要旨】

二审法院认为，被告人刘某惠在与被害人胡某某长达20余年的婚姻中，经常酒后辱骂、殴打胡某某，而胡某某一贯勤劳务实、忍气吞声，操持整个家庭生活，被殴打后多次逃至娘家但仍返回家中。案发时刘某惠在酒精作用下，又因家庭琐事及经济压力与胡某某发生争执，为达到控制胡某某，让胡某某交付钱财供其使用的目的，即采取扼颈、将其后脑砸向地面等方式杀害胡某某，并造成严重后果，可见其犯罪性质恶劣、作案手段残忍，应予严惩。刘某惠案发时具有限定刑事责任能力，但其精神障碍系非病理性的原因自由行为即饮酒所致，且本案起因虽与家庭琐事及经济压力有关，但系刘某惠酒后单方过错引发，胡某某未有任何过错，不宜认定为因家庭矛盾引发而予从轻处罚。刘某惠能够如实供述自己的罪行，可予从轻处罚。

例案二：丁某军故意杀人案（施暴人犯罪）

【法院】

海南省三亚市中级人民法院

【案号】
　　一审：（2015）三亚刑初字第5号
【控辩双方】
　　公诉机关：海南省三亚市人民检察院
　　被告人：丁某军
【基本案情】
　　被告人丁某军与被害人苏某（殁年31岁）于1999年按民族习俗举行婚礼（未登记结婚），婚后生育三个子女。因不满丁某军长期赌博并对其实施家庭暴力行为，苏某于2012年9月提出离婚未果后，到三亚市打工。丁某军多次到苏某娘家要求苏某回家、恐吓苏某家人，并多次到三亚市区寻找苏某未果。2013年6月25日，丁某军到三亚市凤凰镇购买了一把菜刀、一块红布、一瓶矿泉水和一瓶农药，将用红布包好的菜刀和倒进少许农药的矿泉水放进一个红色纸袋里，并随身携带到市区寻找苏某。6月28日9时30分许，丁某军在旺毫超市旁边的广告栏处遇见正在看招工广告的苏某，要求苏某跟其回去，遭到苏某的拒绝。丁某军又向苏某提出还他2万元，同样遭到拒绝。丁某军恼羞成怒，拿出事先准备好的菜刀对准苏某头部砍了5刀，在苏某被砍后用双手抱住头部并低头时，又朝苏某露出的颈部砍了一刀，致苏某颈椎、脊髓完全断离。丁某军扔掉菜刀后逃跑，并在逃跑的过程中喝下含有少量农药的矿泉水。当他跑到附近的小吃店卫生间藏匿时，被公安人员抓获。经鉴定，苏某系生前颈部被锐器砍伤造成颈椎、脊髓完全断离而死亡。
　　法院依照《刑法》第232条、第57条第1款之规定，以故意杀人罪判处被告人丁某军死刑，剥夺政治权利终身。
【案件争点】
　　长期实施家庭暴力犯罪的被告人，因不能接受被害人不堪家暴提出离婚而杀害被害人的，能否以被害人具有过错为由从轻处罚。
【裁判要旨】
　　法院认为，根据最高人民法院发布的《维护农村稳定刑事审判纪要》精神：对于因婚姻家庭、邻里纠纷等民间矛盾激化引发的故意杀人犯罪，适用死刑时一定要十分慎重，应当与发生在社会上的严重危害社会治安的其他故意杀人犯罪案件有所区别。对于被害人一方有明显过错或对矛盾负有直接责任，或者被告人有法定从轻处罚情节的，一般不应判处死刑立即执行。本案中，被告人丁某军杀害苏某的动机系因苏某在提出离婚后，离家出走并拿走其给苏某的2万元，丁某军怀恨在心，心生若苏某不跟他回家和还钱便杀死她之念。但苏某之所以提出离婚并离家出走，系因丁某军长期赌博、不顾子女并对其实施家庭暴力。在共同生活中，丁某军虽曾给过苏某 2 万元，但抚养三个子女及负担其他家庭生活开销是夫妻双方共同的责任，苏某无需归还 2 万元，故在本案中被害人苏某对引发本案不存在过错。被告人丁某军仅因苏某不堪忍受其家庭暴力而携子、带钱离家出走且不愿跟其回家等逃离其掌控的行为，便持刀残忍杀害苏某，犯罪情节特别恶劣，犯罪后果特别严重，主观恶性深，人身危险性大，应予严惩。

例案三：陈某勋故意伤害案（施暴人犯罪）

【法院】

　　一审：青海省西宁市中级人民法院

　　二审：青海省高级人民法院

【案号】

　　一审：（2016）青 01 刑初 68 号

　　二审：（2017）青刑终 8 号

【控辩双方】

　　原公诉机关：青海省西宁市人民检察院

　　上诉人（原审被告人）：陈某勋

【基本案情】

　　被告人陈某勋与其父母共同居住，在共同生活期间经常无端对其父母进行辱骂、殴打，曾因殴打其父亲陈某而被公安机关处以行政拘留。2015 年 10 月 13 日 21 时 30 分许，陈某勋到家后为发泄自身不良情绪而谩骂其母赖某，后进入被害人陈某的卧室，辱骂陈某，并采取拳打脚踢、鞋扔的方式对卧病在床的陈某的面部、头部及身体等多处进行殴打，殴打后还将陈某拖至地上，致使陈某多处受伤。其间，赖某因劝阻陈某勋被打后躲入邻居家中。次日赖某返回家中见陈某受伤，欲与其大儿子陈某某将陈某送往医院救治时，遭到陈某勋威胁、阻拦。直至同月 15 日 21 时许，在被害人亲属的再次请求并承诺负担医疗费的情况下，陈某勋才同意将陈某送医救治。经入院治疗，陈某于同月 27 日自动出院回家，次月 3 日在家中死亡。

　　一审法院依照《刑法》第 234 条第 2 款之规定，以故意伤害罪判处被告人陈某勋无期徒刑，剥夺政治权利终身。

陈某勋上诉提出，其在成长过程中长期遭受父母的虐待，家庭关系紧张，父亲陈某对引发案件存在过错，原判量刑过重，请求二审法院改判有期徒刑等意见。

陈某勋的辩护人提出本案属家庭矛盾引发的激情犯罪，陈某勋到案后能如实供述，认罪态度好，有悔罪表现，请求对陈某勋从轻处罚等辩护意见。

二审法院经审理，作出裁定：驳回上诉，维持原判。

【案件争点】

实施严重家庭暴力导致被害人死亡的，能否认定案件系家庭矛盾引发而予从轻处罚。

【裁判要旨】

法院认为，被告人陈某勋在与其父母共同生活期间，经常无端对父母进行辱骂、殴打，曾因此被公安机关行政处罚，却仍不思悔改。案发时，陈某勋仅为发泄自身不良情绪，便谩骂其母亲，后进入房间对其卧病在床的77岁父亲陈某拳打脚踢，后阻拦陈某其他亲属的送医请求，最终致陈某救治无效死亡。陈某勋所提其在成长过程中长期遭受父母虐待，家庭关系紧张，陈某对引发案件存在过错的意见，经查，行政处罚决定书，证人赖某、陈某某、周某、赵某的证言相互印证，陈某勋的父母陈某和赖某对陈某勋娇生惯养、言听计从，而陈某勋自1996年始便长期殴打其父母并曾被公安机关行政处罚，其上诉理由不能成立。辩护人提出本案属家庭矛盾引发的激情犯罪等意见，经查，陈某勋有长期家暴史，在案发当天仅因对陈某心有不满，便拳打脚踢致其死亡，陈某对引发本案无任何过错，辩护人的辩护意见不能成立。陈某勋犯罪性质、情节恶劣，且无任何法定从轻、减轻处罚情节，应予严惩。

二、裁判规则提要

（一）家庭暴力不是家庭纠纷

根据《反家庭暴力法》第2条和第37条之规定，家庭暴力是指发生在家庭成员及共同生活的人之间以殴打、捆绑、残害、限制人身自由以及经常性谩骂、恐吓等方式实施的身体、精神等侵害行为。家庭纠纷则指家庭成员之间争执不下的事情或不易解决的矛盾或冲突。在"暴力"和"纠纷"这两个没有任何共同之处的事物前面，增加了"家庭"二字，只是说明暴力、纠纷发生在家庭成员间，核心词的意思没有改变。家庭暴力仍是暴力，家庭纠纷仍是纠纷，二者不能混同。

1. 从权力关系看，纠纷关系中的双方是平等的，而暴力关系中的双方是不平等的，属于控制与被控制关系。纠纷双方在发生争执时都能够自由地发表自己的意见，虽然会感到愤怒和无奈，但不会感到恐惧，更不会实施加害行为。而家庭暴力则不然，暴力双方在权力地位上有明显的高低强弱之分，受暴人不能够发表不同意见，不能不听从施暴人安排，否则就会遭到殴打、谩骂。

2. 从目的动机看，纠纷是为说服对方，暴力是想控制对方。纠纷双方的目的是说服对方接受己方观点，从而达成一致意见。暴力的目的是使对方因恐惧而屈从，进而控制对方。表面看，家庭暴力似乎是因生活琐事引发，实际上，引发家庭暴力的，是施暴者内心强烈的控制欲。当对方要求分手时，施暴者的控制欲受挫，导致其在分手期间或分手后再次施暴，以图重新控制受暴人，或发现无法挽回受暴人时惩罚或报复受暴人。

3. 从行为性质看，纠纷是日常生活琐事，暴力是侵害他人人身权利的违法/犯罪行为。纠纷只是口角或争执，不存在殴打或威胁行为，其后果主要是伤和气，无碍他人的人身权利、社会秩序或社会稳定。家庭暴力是动用强制力或武力，它是侵害家庭成员在家庭中的基本人权的违法/犯罪行为，不仅体现在故意伤害受暴人的身体，限制受暴人的人身自由上，极端情况下，还会剥夺受暴人的生命，甚至殃及其直系亲属的人身权利或生命安全。

综上，家庭暴力和家庭纠纷在权力关系、目的动机及行为性质等方面有着本质差异。①

（二）因实施家庭暴力致人伤亡而构成犯罪的，施暴人具有单方面的严重过错

1. 受暴人对暴力的发生无过错责任。在实施家庭暴力致人伤亡的刑事案件审理中，被告人以被害人过错引发自己施暴是其常见的抗辩理由。这种抗辩往往是建立在配偶（通常是妻子一方）有过错，丈夫可以暴力教训妻子的性别歧视基础上的。从性别平等视角和司法实践经验来看，法律保护公民在家庭中的人身权利不受他人侵犯，受暴人即使真的在婚姻关系、家庭生活中有过错行为，比如，不孝顺公婆、有外遇等，其过错也不是被告人暴力致被害人伤亡的理由。因此，受暴人对自己受暴不承担任何过错责任。

2. 施暴人具有单方面的严重过错。施暴人因自身情绪不稳定或者因琐事对受暴人不满而对其实施殴打、谩骂、恐吓等侵害行为，甚至导致受暴人伤亡的，其动机

---

① 陈敏：《家庭暴力是暴力而不是纠纷》，载《人民司法·应用》2014 年第 7 期。

常常仅为满足自身过强的控制欲望,其行为违背公序良俗、违反家事法律和刑事法律规定,在道义和法律上均具有可谴责性,且该行为是引发犯罪的唯一或者最主要因素,应当认定施暴人具有单方面的严重过错。

(三)因实施家庭暴力致人伤亡的,被告人的主观恶性较深

施暴人无论如何以爱的名义粉饰或以家庭纠纷的名义使其暴力行为"合理化",都无法模糊其实施家庭暴力的内在动机是出于权力和控制的需要。施暴人为此而有意识地、反复地对受暴人实施暴力,以逼迫受暴人因恐惧而屈从。如果受暴人不顺从或提出相左意见,或者想要脱离暴力关系,施暴人便会升级暴力,采取更为极端、残忍的手段逼迫受暴人屈服。上述三个例案中,被告人实施家庭暴力的动机,不是因酒精依赖需要而向妻子索要钱财未果,就是不能接受妻子不堪受暴提出离婚或离家出走,或者仅为发泄自身不良情绪。它们均反映出被告人较深的主观恶性。

(四)对因实施家庭暴力致人伤亡的被告人,若以"因婚姻、家庭矛盾引发"为由予以从轻处罚,等于认可被告人在婚恋家庭关系中可以恃强凌弱,则有悖公平正义的司法价值观

如前所述,家庭暴力主要是恋爱、婚姻、家庭关系中的男性对女性的威胁、殴打、谩骂等伤害行为。这种行为不是天生的,而是男性在社会化过程中习得的自以为有权力暴力管教恋爱、婚姻、家庭中的女性和弱者的态度和方式。若以"因婚姻、家庭矛盾引发"为由,对实施家庭暴力致人伤亡的被告人从轻处罚,等于让他们从这种本来就是导致家庭暴力发生的关系中受益。一定意义上,等于认可在恋爱、婚姻、家庭等私密关系中,一方可以恃强凌弱。这样的导向,等于向社会传递不平等的两性价值观,与公平正义的司法价值观相悖。其结果既不符合罪刑相适应原则,也不符合宽严相济刑事政策的要求,因此不宜以"因婚姻、家庭矛盾引发"为由对此类被告人从轻处罚。

三、辅助信息

《反家庭暴力法》

第二条 本法所称家庭暴力,是指家庭成员之间以殴打、捆绑、残害、限

制人身自由以及经常性谩骂、恐吓等方式实施的身体、精神等侵害行为。

第三十七条　家庭成员以外共同生活的人之间实施的暴力行为，参照本法规定执行。

《刑法》

第二百三十二条　故意杀人的，处死刑、无期徒刑或者十年以上有期徒刑；情节较轻的，处三年以上十年以下有期徒刑。

第二百三十四条　故意伤害他人身体的，处三年以下有期徒刑、拘役或者管制。

犯前款罪，致人重伤的，处三年以上十年以下有期徒刑；致人死亡或者以特别残忍手段致人重伤造成严重残疾的，处十年以上有期徒刑、无期徒刑或者死刑。本法另有规定的，依照规定。

《维护农村稳定刑事审判纪要》

（一）关于故意杀人、故意伤害案件

要准确把握故意杀人犯罪适用死刑的标准。对故意杀人犯罪是否判处死刑，不仅要看是否造成了被害人死亡结果，还要综合考虑案件的全部情况。对于因婚姻家庭、邻里纠纷等民间矛盾激化引发的故意杀人犯罪，适用死刑一定要十分慎重，应当与发生在社会上的严重危害社会治安的其他故意杀人犯罪案件有所区别。对于被害人一方有明显过错或对矛盾激化负有直接责任，或者被告人有法定从轻处罚情节的，一般不应判处死刑立即执行。

《宽严相济意见》

一、贯彻宽严相济刑事政策的总体要求

5.贯彻宽严相济刑事政策，必须严格依法进行，维护法律的统一和权威，确保良好的法律效果。同时，必须充分考虑案件的处理是否有利于赢得广大人民群众的支持和社会稳定，是否有利于瓦解犯罪，化解矛盾，是否有利于罪犯的教育改造和回归社会，是否有利于减少社会对抗，促进社会和谐，争取更好的社会效果。要注意在裁判文书中充分说明裁判理由，尤其是从宽或从严的理由，促使被告人认罪服法，注重教育群众，实现案件裁判法律效果和社会效果的有机统一。

《办理家暴案件意见》

二、定罪处罚

18.切实贯彻宽严相济刑事政策。对于实施家庭暴力构成犯罪的，应当根据罪刑法定、罪刑相适应原则，兼顾维护家庭稳定、尊重被害人意愿等因素综合考虑，宽严并用，区别对待。根据司法实践，对于实施家庭暴力手段残忍或者造成严重后果；出于恶意侵占财产等卑劣动机实施家庭暴力；因酗酒、吸毒、赌博等恶习而长期或者多次实施家庭暴力；曾因实施家庭暴力受到刑事处罚、行政处罚；或者具有其他恶劣情形的，可以酌情从重处罚。对于实施家庭暴力犯罪情节较轻，或者被告人真诚悔罪，获得被害人谅解，从轻处罚有利于被扶养人的，可以酌情从轻处罚；对于情节轻微不需要判处刑罚的，人民检察院可以不起诉，人民法院可以判处免予刑事处罚。

对于实施家庭暴力情节显著轻微危害不大不构成犯罪的，应当撤销案件、不起诉，或者宣告无罪。

人民法院、人民检察院、公安机关应当充分运用训诫，责令施暴人保证不再实施家庭暴力，或者向被害人赔礼道歉、赔偿损失等非刑罚处罚措施，加强对施暴人的教育与惩戒。

涉家庭暴力刑事案件裁判规则第 2 条：
涉及家庭暴力领域的专业知识时，有必要邀请家庭暴力问题专家出庭作证

【规则描述】　家庭暴力问题专家，既有家庭暴力的专业理论知识，又有长期接触家庭暴力受暴人的实践经验，法庭在必要时可以邀请家庭暴力问题专家作为有专门知识的人出庭。其在法庭上针对家庭暴力领域出具的专业意见，在法庭认定案件起因、过错责任、家庭暴力行为与犯罪行为的因果关系等重要事实时，可作为证据使用。①

一、可供参考的例案

例案一：柳某菊故意杀人案（受暴人犯罪）

【法院】

　　浙江省温州市中级人民法院

【案号】

　　一审：（2015）浙温刑初字第 4 号

【控辩双方】

　　公诉机关：浙江省温州市人民检察院

---

① 2021 年 3 月 1 日起施行的新《刑事诉讼法司法解释》第 100 条第 1 款规定："因无鉴定机构，或者根据法律、司法解释的规定，指派、聘请有专门知识的人就案件的专门性问题出具的报告，可以作为证据使用。"该规定修改了 2012 年《刑事诉讼法司法解释》第 87 条关于有专门知识的人出具的检验报告可以作为定罪量刑的参考的规定，明确了有专门知识的人出具的专业意见可以作为证据使用。由于本规则中三个例案均是判决于新《刑事诉讼法司法解释》施行之前，因此在各例案裁判要旨部分的表述仍是按照 2012 年《刑事诉讼法司法解释》规定的"作为定罪量刑的参考"。

被告人：柳某菊

【基本案情】

被告人柳某菊和被害人王某某系夫妻关系，二人婚后育有4个子女。王某某与柳某菊结婚十余年来，在不顺意时即对柳某菊拳打脚踢。2013年下半年，王某某开始有婚外情，在日常生活中更是变本加厉地对柳某菊实施殴打。2014年8月16日中午，王某某在其务工的浙江省温州市××区×鞋底厂三楼员工宿舍内因琐事再次殴打柳某菊，当晚还向柳某菊提出离婚并要求其独自承担两个子女的抚养费用。次日凌晨，柳某菊在绝望无助、心生怨恨的情况下产生了杀害王某某的想法。柳某菊趁王某某熟睡之际，持宿舍内的螺纹钢管猛击王某某头部数下，又拿来菜刀砍切对方的颈部，致其当场死亡。作案后，柳某菊拨打110报警并留在现场等待警察到来。

案发后，被害人王某某的父母表示谅解柳某菊的行为，并请求对其从轻处罚。

法院依照《刑法》第232条、第67条第1款之规定，以故意杀人罪判处被告人柳某菊有期徒刑五年。

【案件争点】

对于因不堪忍受长期家庭暴力而故意杀害施暴人的受暴人，是否有必要通知家庭暴力问题专家出庭解读其特殊的心理和行为模式。

【裁判要旨】

家庭暴力问题专家出庭接受了控辩审三方的询问，在庭审中提供下列意见：

1. 家庭暴力的核心。家庭暴力的核心为控制，即施暴本身不是目的，而是施暴人为了达到控制受暴人的目的而采取的手段。即使施暴人逼迫受暴人离婚，也是为了控制受暴人，让受暴人服从自己。

2. 女性受暴人的反抗方式。女性受暴人的反抗行为往往不是即时的，因为身高、体力不及施暴人，受暴人的暴力行为通常不是针对正在发生的暴力行为，为了避免遭受更加严重的侵害，女性受暴人会在施暴人已经暂时丧失反抗能力的情况下，仍采取极端的手段置施暴人于死地。

3. 受暴人的人身危险性。家庭暴力受暴人的加害行为一般只针对施暴人，在施暴人消失后，受暴人对其他人不会再有危害性。

法院认为，被告人柳某菊因不堪忍受丈夫王某某的长期家庭暴力而持械杀死王某某，其行为已构成故意杀人罪。被告人柳某菊对被害人王某某实施的家庭暴力长期以来默默忍受，终因王某某有婚外情而逼迫其离婚并独自抚养两个未成年子女从而产生反抗的念头，其杀人动机并非卑劣；柳某菊在杀人的过程中虽然使用了两种凶器加害在被害人的要害部位，并承认有泄愤、报复的心理，但结合家暴问题专家在法庭的意见，柳某菊属于受虐妇女，其采取上述手段杀害被害人更主要的还是为了防止被害人未死会对其施以更加严重的家庭暴力；柳某菊作案后没有逃匿或隐瞒、毁灭罪证，而是主动打电话报警，归案后如实供述自己的犯罪事实，并带领侦查人员找到作案使用的菜刀，具有认罪、悔罪情节，综上，柳某菊的作案手段并非特别残忍、犯罪情节并非特别恶劣，应当认定为《刑法》第232条规定的故意杀人"情节较轻"。柳某菊具有自首情节；被害人王某某的父母对柳某菊表示谅解，考虑到其尚有4个未成年子女需要抚养，因此对被告人柳某菊给予较大幅度的从轻处罚。

例案二：王某洁故意杀人案（受暴人犯罪）

【法院】

云南省楚雄彝族自治州中级人民法院

【案号】

一审：（2016）云23刑初15号

【控辩双方】

公诉机关：云南省楚雄彝族自治州人民检察院

被告人：王某洁

【基本案情】

被告人王某洁与被害人陈某浩系夫妻。在平日的婚姻家庭生活中，陈某浩经常暴力殴打、威胁王某洁，以及王某洁的父亲王某和母亲郭某梅，并曾因吸毒被公安机关强制戒毒，因打伤王某洁、用弹簧刀刺伤王某被公安机关行政处罚。王某洁多次请亲戚朋友帮忙劝解，向妇联、司法所等部门反映情况，向法院起诉离婚，报警，均无法制止陈某浩的暴力行为。2015年10月19日13时许，陈某浩在家中厨房里吃饭时，因向王某洁及其父母索要5万元与王某洁争吵，王某、郭某梅进行劝导后，陈某浩就将郭某梅撕扯至院子内并将郭某梅推倒在地，同时拿出随身携带的弹簧刀进行威胁，王某洁前往劝阻也被陈某浩打倒在地。王某洁遂趁陈某浩不备，从地上拿起一根木棒站在其身后打了陈某浩头部数棒，致陈某浩当场死亡。随后王某洁打电话报警并在现场等候，公安民警到达现场后将其抓获。经鉴定，陈某浩血液内乙醇含量为265.2mg/100ml，系重型开放性颅脑损伤死亡。案发后，陈某浩的近亲属表示自愿放弃民事赔偿，并出具了刑事谅解书。

法院依照《刑法》第232条、第67条第1款、第72条之规定，以故意杀人罪判处被告人王某洁有期徒刑三年，缓刑五年。

【案件争点】

对于因不堪忍受长期、严重家庭暴力而故意杀害施暴人的受暴人，法庭在认定案件起因、被告人（即受暴人）犯罪动机以及被告人的人身危险性和社会危害性时，是否有必要通知家庭暴力问题专家出庭解释家庭暴力方面的专业知识以及解读受暴人特殊的心理和行为模式。

【裁判要旨】

家庭暴力问题专家出庭接受了控辩审三方询问，在庭审中提供下列意见：

1. 家庭暴力的类型。家庭暴力的类型至少包括两类，即控制型暴力和反应型暴力。控制型暴力的核心是控制，即施暴本身不是目的，而是施暴人为了达到控制受暴人的目的而采取的手段。施暴的结果是让受暴人服从，不敢做施暴人不允许的事情。反应型暴力是受暴人对控制型暴力作出的反应，也叫抵抗型暴力。

2. 家庭暴力具有隐蔽性。若没有外力的干预，只要发生一次，施暴人对暴力的依赖，就如同吸毒者对毒品的需求，频率会越来越高，周期会越来越短，后果会越来越严重。

3. 判断家庭暴力严重性的指标。施暴人对受暴人掐脖子、性暴力，对受暴人及其亲人进行致命威胁，如果还存在酗酒、吸毒等恶习，说明受暴人遭受的暴力已达严重程度。

4. 受暴人会为了保护亲人而决定杀死施暴人。受暴人即使已经遭受了很严重的暴力，却仍然选择忍耐，可能是其相信维持婚姻更安全，也可能是因为没有经济来源，但当施暴人威胁要杀死其父母等亲人时，受暴人会认为杀死施暴人是保护亲人的唯一选择，此时受暴人会选择杀害施暴人。

5. 受暴人的人身危险性。受暴人的加害行为一般只针对施暴人，在施暴人消失后，对其他人不会再有危害性。

法院认为，家庭暴力问题专家具有丰硕的学术研究成果，拥有接访上百名家庭暴力受暴妇女的经验，其在法庭上对家庭暴力方面的专业知识作出了客观、充分的阐释，在认定本案的起因、被告人的犯罪动机、作案过程及犯罪行为所造成的社会危害时可予以参考。被害人陈某浩具有长期的吸毒史，在婚姻生活中为了达到控制王某洁和让王某洁服从的目的，对王某洁实施了长期的殴打、辱骂、威胁和控制，王某洁通过请亲戚朋友帮忙劝解，向妇联、司法所反映情况要求调解，向法院起诉离婚，报警等方式均无法有效地制止、摆脱陈某浩的家庭暴力，反而导致陈某浩的暴力行为越来越严重，甚至将暴力对象扩大到了王某洁的父母，多次出现严重危及王某洁及其家人生命安全的暴力行为。王某洁属于受暴妇女，并受到了严重的家庭暴力。王某洁在陈某浩实施家庭暴力时由于身体素质差异和心理上的恐惧缺乏反抗能力，最终在案发当日，因为陈某浩醉酒后又对其辱骂、殴打，并在打骂中威胁其家人的人身安全，在激愤、恐惧的状态下为了摆脱家庭暴力、消除其所受到的威胁，用木棒将陈某浩打死，其行为具有防卫因素，陈某浩在案件的起因上具有明显过错，可对王某洁酌情从宽处罚。王某洁发现陈某浩被自己打死后即向公安机关投案，并在作案现场等候公安民警，归案后如实供述全部罪行，系自首；审理过程中自愿认罪、悔罪。纵观王某洁作案的动机、手段、过程及结果，其犯罪行为始终是针对实施家庭暴力的陈某浩，其主观恶性不大，对其他人也不具有人身危险性，其犯罪所造成的社会危害也有别于其他故意杀人犯罪所造成的社会危害。同时，被害人陈某浩的亲属在案发后自愿放弃附带民事赔偿，主动出具了谅解书，要求对王某洁从轻减轻处罚。综合考虑王某洁的主观恶性、犯罪动机、手段、悔罪表现以及其所造成的社会危害，可以认定王某洁的犯罪后果属于《刑法》第232条故意杀人罪中的"情节较轻"，对其减轻处罚。此外，王某洁的村邻100余人主动请愿，希望对王某洁从轻减轻处罚，足以证实对王某洁适用缓刑对所居住社区无重大不良影响。

例案三：薛某某故意杀人案（施暴人犯罪）

【法院】

一审：浙江省乐清市人民法院

二审：浙江省温州市中级人民法院

【案号】

一审：（2016）浙0382刑初1270号

二审：（2016）浙03刑终1986号

【控辩双方】

原公诉机关：浙江省乐清市人民检察院

上诉人（原审被告人）：薛某某

【基本案情】

被告人薛某某与被害人黄某希系夫妻关系，薛某某怀疑黄某希有外遇，夫妻之间关系并不融洽，薛某某曾多次对黄某希实施家庭暴力，特别是在2011年薛某某接受脑垂体瘤手术后，薛某某对黄某希的暴力越发严重，至案发前薛某某曾多次扬言要杀死被害人。2016年2月16日8时许，薛某某不让黄某希独自离开家，强行将黄某希拉至三楼，让黄某希听其讲话长达两三个小时。接着，薛某某在三楼客厅用金属材质的保温杯、保温壶、烧水壶等连续猛击黄某希头部、面部，并用手掐、用数据线勒黄某希脖子，欲杀死被害人，后因黄某希屏住呼吸，薛某某误以为其已窒息死亡，才停止施暴。接着，薛某某将两瓶平时服用的抗焦虑、失眠的"艾司唑仑片"药品服下欲自杀，待薛某某药性发作后，黄某希便开窗向附近邻居求救。当日13时许民警接警后将两人分别送往医院抢救，两人均脱离生命危险。经鉴定，薛某某案发时无精神病，具有完全责任能力；被害人黄某希损伤程度为轻伤二级。

一审法院依照《刑法》第232条之规定，以故意杀人罪判处被告人薛某某有期徒刑十年二个月。

薛某某上诉及其辩护人辩称，薛某某的行为属于故意伤害罪而非故意杀人罪，本案与家庭暴力有本质区别，结合其有自首情节，取得被害人谅解，应予从轻处罚。

二审法院经审理，作出裁定：驳回上诉，维持原判。

【案件争点】

本案是否有必要通知家庭暴力问题专家出庭解释家庭暴力方面的专业知识。

【裁判要旨】

一审时，家庭暴力问题专家出庭接受了控辩审三方的询问，在庭审中提供下列意见：

1. 发生在家庭内部的暴力分类。并不是发生在家庭内部的暴力都是家庭暴力，发生在婚姻家庭关系中的暴力有三类：控制型暴力、反应型暴力、偶发型暴力。控制型暴力的行为人以男性为主，源自男权思想，通常因受暴人不服从或者有不同意见时，施暴人有规律地使用殴打、威胁、恐吓等手段，确保对方服从自己。反应型暴力的行为人以女性为主，是受暴人对控制型暴力作出的反应，目的是自我保护，与控制他人无关，没有特定的模式，实践中也称为以暴制暴行为。偶发型暴力的行为人可能是女性，也可能是男性，实践中因为男性天然具有体力上的优势，所以这种暴力形式也是以男性居多。偶发型暴力没有特定目的，通常是行为人在心理上意外遭受巨大打击后一时情绪失控而发生，一般来说伤害后果比较轻微。《反家庭暴力法》定义的家庭暴力是指控制型家庭暴力。

2. 家庭暴力的甄别。一方对另一方的侮辱、谩骂并不必然是家庭暴力，因为侮辱、谩骂是通过贬低对方的价值，造成其心理上的痛苦，被侮辱、谩骂的一方的情绪反应通常是屈辱、痛苦、愤怒、无助等，而不是受暴人对暴力的恐惧的情绪反应，因此单纯的侮辱、谩骂不是家庭暴力。但当侮辱、谩骂总是先于暴力行为出现时，侮辱、谩骂通过条件反射就能引发受暴人的恐惧反应，这种情况下侮辱、谩骂就有了和暴力一样让人产生恐惧的效应，只要施暴人开始侮辱、谩骂，受暴人就会感到恐惧，这就达到了控制的效果，受暴人真正害怕的不是侮辱、谩骂本身，而是紧随其后的家庭暴力。

3. 如何理解施暴人杀死受暴人的行为。部分施暴人通常在认为受暴人会离开自己时动杀机，因为施暴人在心理上认为，杀死受暴人是一种永远的控制，这样受暴人永远都不会离开自己，从而避免再次经历被抛弃、让人不堪忍受的心理感受。这符合家庭暴力的控制性特征。

4. 施暴人施暴的原因。施暴人通常来自存在控制型暴力的原生家庭，这是施暴人知道的唯一的夫妻沟通方式。在暴力家庭环境中长大的人，通常是自卑的，不能感到自己本身是一个有价值的人，需要根据别人对其的服从来感受到自我价值，因此有强烈的控制欲望，另一方不服从会让施暴人有挫败感，因此需要用暴力来逼迫对方服从自己，以获得自我价值感。

5. 摆脱家庭暴力的方法。当施暴人意识到驱使自己施暴行为的动机是自己内心过度的控制欲望以及男尊女卑的性别观念，并且愿意改变自己的沟通方式，有条件时在专业人士的帮助下，了解了自己潜意识里的愿望是什么，是什么原因造成以及这些愿望是可以通过其他方式得到满足的时候，施暴人可以摆脱过度的控制欲望。

法院经审理认为：（1）家庭暴力与普通暴力不同，往往较为隐蔽，不为外人所知，目击者较少，本案中双方的儿子与两人一起生活，亲眼看见过家庭暴力的发生，其证言内容与被害人陈述能够相互印证，可信度较高，可证实被告人在案发前曾多次殴打被害人。被告人虽对暴力的严重程度、频率有所辩解，但亦承认曾殴打过黄某希，当庭还供述黄某希曾因其在双方争吵时拿水果刀而报警。可见，被告人本次施暴并非偶然，亦非首次，可以认定被害人长期遭受家庭暴力的事实。（2）家庭暴力与家庭纠纷不同，其施暴的动机是为了控制受暴人，满足施暴人的过度控制欲。从案发当日的情况来看，被害人想要独自出门，被告人不准许，被害人则无法离开；被告人在三楼将被害人拉住，向她讲了两三个小时的话，质问被害人是否因出轨而早出晚归，被害人则一直沉默；被告人还称因被害人拒绝给他房租才生气打被害人，这意味着被告人觉得被害人不满足他的要求，就殴打被害人。从案发前双方之间的相处来看，其子反映，被告人曾多次以杀死被害人的大儿子和兄弟来威胁被害人，阻止被害人离开其身边；被告人当庭供述被害人不在家时，他曾打十几通电话寻找被害人，被害人离开独自经营的经营场所时被告人便到处寻找直至将被害人找到。上述这些事实，均显示出被告人对被害人过度的控制欲，而被害人处于不得不服从的处境，其有效控制的背后就是暴力威慑，因此可认定被告人所实施的是控制型家庭暴力，本案并非地位平等的夫妻之间偶发性的家庭纠纷。（3）根据专家证人的证言，家庭暴力的施暴人与受暴人往往具有一些典型表现，比如施暴人往往是两副面孔型的人，会无由来地猜疑受暴人，在描述暴力行为时会淡化暴力的严重程度等；受暴人在暴力威慑下内心表现为害怕施暴人。本案中被告人薛某某无故怀疑妻子有外遇，怀疑妻子会与医生串通给他吃毒药，在描述暴力行为时避重就轻，将掐脖子描述为推脖子，其相关表现符合施暴行为人的特征。在案发当日持续长达近6个小时的控制、殴打过程中，被害人黄某希只是通过咬被告人手指、用脚踢被告人等轻微的暴力，实施了任何一个公民在遇到类似危及自己生命安全时都有权利采取的措施，在被勒脖子时只能祈求上天保佑，在案发后放弃进一步伤情鉴定，不愿意提起之前的家暴事实等，这些表现均符合受暴人的特征。被告人及其辩护人提出被害人掌管家中经济，平时不让被告人亲近，甚至言语侮辱，对被告人实施了"冷暴力"。但上述事实并无相关证据证实，且即使存在上述事实，被害人未对被告人实施暴力威慑，被告人也没有因上述原因而害怕被害人，而只是感到委屈、不满等，不符合控制型家庭暴力的特征，且这些理由均不应成为施暴的理由。

二审法院认为，被告人薛某某案发前曾多次扬言要杀害黄某希，案发当日不仅持保温杯、保温壶、热水壶等猛砸黄某希头面部等处，致金属外壳保温杯、保温壶、热水壶严重变形，造成被害人黄某希头面部严重肿胀、皮下出血、双眼无法睁开等，还使用足以致命的数据线猛勒黄某希脖子，直至黄某希憋气装死才停止暴力，案发后薛某某以为黄某希已死亡而服药自杀，应认定其行为构成故意杀人罪。被害人黄某希的陈述及3位证人的证言等证据，足以印证证实被告人薛某某长期对妻子黄某希实施暴力殴打、以杀害黄某希及其亲人进行威胁，对黄某希进行身体、精神侵害，故对薛某某及其辩护人提出薛某某没有实施家庭暴力的意见不予采纳。被告人薛某某长期实施家庭暴力，应酌情从重处罚。

二、裁判规则提要

（一）家庭暴力问题专家出庭的必要性

1. 家庭暴力不仅是一个法律问题，而且是一个涉及心理学和社会性别的专业问题。我国的刑事诉讼一直以来实行鉴定人制度，但在刑事司法实践中，却常常有一些案件因为没有相应的鉴定机构出具鉴定意见或不属于鉴定事项而无法进行鉴定，但案件本身却又涉及与案件裁判相关联的专业问题，需要相应的研究专家出庭解答，协助法官更准确地审查、判断具体案情，家庭暴力就属于这一类本身不属于鉴定事项，但又确实需要专家作出解释、说明的专业问题。因为家庭暴力不是我们一般人所理解的夫妻纠纷或家庭琐事，家庭暴力关系中双方的互动模式，家庭暴力给受暴妇女造成的身心伤害以及其随后呈现出的异于常人的心理和行为模式，均涉及心理学和社会性别的专业领域，需要家庭暴力问题专家作为"有专门知识的人"出庭予以解释、说明。

2. 准确认定案件事实需要家庭暴力问题专家的协助。在涉家庭暴力刑事案件中，特别是受暴人以暴制暴杀死施暴人的恶性案件中，社会大众对这类从受暴人转为加害人的被告人的行为动机、主观恶性和人身危险性多有误解。法官受日常经验和知识范围的限制，可能同样抱有大众对这类被告人的误解。比如，在以暴制暴杀人案件中，对于被告人（原家庭暴力受暴人）为何要留在这段痛苦的关系中，为何不寻求其他救济途径而要采取杀人的极端手段，尤其是被告人为何大多在被害人（原家庭暴力施暴人）毫无反抗能力的时候将其杀害等质疑，往往会让法官否定被告人长期受家庭暴力侵害与被告人以暴制暴行为之间存在的因果关系。家庭暴力问题专家出庭接受各方质询，可以向法庭揭示家庭暴力问题的本质特征，以及家庭暴力关系中施暴人和受暴人的互动模式，帮助法庭还原案件中涉及家庭暴力的事实真相，尤其是家庭暴力对受暴人心理和行为模式造成的影响，从而协助法庭准确认定案件的起因、过错责任以及家暴事实与犯罪行为之间的因果关系等与定罪量刑密切相关的重要事实，避免法官因缺乏专业知识可能导致错误裁判的风险。

（二）对家庭暴力问题专家出庭意见的审查

《刑事诉讼法司法解释》（2021年）第100条第1款、第4款规定，有专门知识的人就案件的专门性问题出具的报告可以作为证据使用。出具报告的人拒不出庭作证的，有关报告不得作为定案的根据。按照上述规定，家庭暴力问题专家作为"有专门知识的人"出庭接受控辩审三方的质询,其出庭意见可以作为证据使用。

虽然《刑事诉讼法司法解释》(2021年)已经明确,有专门知识的人的出庭意见具有证据属性,但如何对专家发表的专业意见进行审查,对审理具体案件的法官而言仍存在较大难度。《刑事诉讼法司法解释》(2021年)第100条第2款规定,对有专门知识的人出具的报告的审查参照该解释第97条、第98条的规定,而该解释第97条、第98条的规定主要针对如何对鉴定意见进行审查,家庭暴力问题专家出庭主要是就家庭暴力领域内的专业知识进行解释、说明,与鉴定意见或专业报告有一定的区别,因此在审查家庭暴力问题专家的意见时,在《刑事诉讼法司法解释》(2021年)第97条、第98条规定的基础上,还要结合涉家庭暴力刑事案件的具体情况,从以下两方面进行:

1. 对专家资质的审查

(1)庭前审查。有专门知识的人不同于鉴定人,对其准入资格目前法律尚无明确规定。人民法院应当详细了解家庭暴力问题专家接受教育和专业培训的背景以及其直接接触家庭暴力的实践经验和技能,以确定专家是否具备出庭作证的资质。专家资质的相关证明材料应在庭前交由控辩双方查阅、复制,以便控辩双方充分地了解专家的基本情况和专业领域。

(2)庭审审查。专家开始作证前,法庭应当要求其出示专家资质的相关证明材料原件,并征询控辩双方对专家资质的意见。控辩双方可以有针对性地提出同意或反对意见,必要时要求专家回答关于其资质的提问,最后由法庭最终确定专家是否可以出庭作证。

2. 对专家意见内容的审查

(1)专家意见是否具有合理性。法庭在审查专家当庭作出的专业性解释时,应重点审查专家对家庭暴力专业领域内的一般规则和理论的说明是否可信;逻辑有无漏洞;数据来源是否可靠;专家有无在其他同类案件中出庭作证的经历;等等。

(2)专家的意见与在案证据是否存在矛盾。法庭应审查专家的意见与在案其他证据是否存在矛盾。如专家的解释与相应的证据呈现的事实有矛盾时,则有必要进一步询问,直到专家的意见与证据呈现的事实之间的矛盾得到合理的解释。

(3)控辩双方对专家出庭意见的质证意见是否成立。案件中专业性问题的解决对于控辩双方的权利会造成实质性影响,控辩双方最有迫切愿望对科学证据,尤其是对不利于己方的科学证据进行抗辩。① 因此，法庭应重视控辩双方对专家意见提出的质证意见，特别是对专家意见的合理性、专业性、关联性提出质疑的意见。排除这些质疑是专家意见得以采纳的重要前提。

（三）专家出庭意见的运用

家庭暴力问题专家的出庭意见经过当庭质证并被采纳作为证据后，应在裁判中予以体现，以发挥专家意见的司法价值。

1. 在施暴人实施家庭暴力行为构成犯罪的案件中，专家对家庭暴力施暴人的行为特点、犯罪动机等的解释和说明，法庭经审查后认为具有合理性的，可以作为判断施暴人主观恶性和人身危险性的依据，在量刑时予以考量。例如，在因情感纠纷引发的刑事案件中，家庭暴力问题专家出庭可以协助法官有效区分普通情感纠纷和分手暴力，了解分手暴力施暴人的犯罪动机和行为特点，使法官在判断分手暴力施暴人的主观恶性和人身危险性时，可以更准确地把握被告人的量刑，以实现罚当其罪。

2. 在受暴人以暴制暴的刑事案件中，专家对家庭暴力受暴人的行为和心理模式、受暴的心路历程和以暴制暴行为之间的因果关系等所作的解释和说明，法庭经审理后认为具有合理性的，可以作为认定案件是否具有防卫因素、被害人过错责任以及被告人主观恶性和人身危险性的依据，在量刑时予以考量。在上述例案一、例案二中，法官裁判时均采纳了家庭暴力问题专家的出庭意见，认定被告人系不堪忍受或为了摆脱长期、严重的家庭暴力而实施了杀人行为，被害人具有重大过错，在量刑时对被告人依法予以较大幅度的从宽处罚。

三、辅助信息

《反家庭暴力法》

第二条　本法所称家庭暴力，是指家庭成员之间以殴打、捆绑、残害、限制人身自由以及经常性谩骂、恐吓等方式实施的身体、精神等侵害行为。

---

① 朱晋峰：《以审判为中心诉讼制度改革背景下科学证据审查的困境及出路》，载《法律适用》2018年第13期。

《刑法》

第二百三十二条 故意杀人的，处死刑、无期徒刑或者十年以上有期徒刑；情节较轻的，处三年以上十年以下有期徒刑。

第七十二条第一款 对于被判处拘役、三年以下有期徒刑的犯罪分子，同时符合下列条件的，可以宣告缓刑，对其中不满十八周岁的人、怀孕的妇女和已满七十五周岁的人，应当宣告缓刑：

（一）犯罪情节较轻；

（二）有悔罪表现；

（三）没有再犯罪的危险；

（四）宣告缓刑对所居住社区没有重大不良影响。

《刑事诉讼法》

第一百九十七条第二款 公诉人、当事人和辩护人、诉讼代理人可以申请法庭通知有专门知识的人出庭，就鉴定人作出的鉴定意见提出意见。

《刑事诉讼法司法解释》（2021年）

第一百条 因无鉴定机构，或者根据法律、司法解释的规定，指派、聘请有专门知识的人就案件的专门性问题出具的报告，可以作为证据使用。

对前款规定的报告的审查与认定，参照适用本节的有关规定。

经人民法院通知，出具报告的人拒不出庭作证的，有关报告不得作为定案的根据。

涉家庭暴力刑事案件裁判规则第 3 条：
同居暴力应认定为家庭暴力

【规则描述】 发生在同居者之间的暴力，具有情感依赖性、控制性、隐蔽性、反复性等特征，符合家庭暴力的典型特征，应认定为家庭暴力。

一、可供参考的例案

例案一：张某故意伤害案（施暴人犯罪）

【法院】
广东省珠海市中级人民法院

【案号】
一审：（2016）粤 04 刑初 68 号

【控辩双方】
公诉机关：广东省珠海市人民检察院
被告人：张某

【基本案情】
被告人张某与被害人黄某系男女朋友关系，二人同居生活期间张某曾多次对黄某实施家庭暴力。2015 年 11 月 22 日 21 时许，张某与黄某又因生活琐事发生矛盾，黄某与同事冯某回到其与张某共同居住的珠海市×区×单元×房，收拾行李准备搬离该住处。其间，张某回到住处与黄某发生争吵，张某使用哑铃、菜刀等工具殴打黄某的头部、肩膀、臀部和腿，并在冯某进行劝阻时用哑铃砸伤冯某的左脚。随后张某将黄某拖到阳台处，继续对其实施殴打，黄某不堪忍受，跨过阳台围栏并在围栏外侧边沿缓慢挪动，以躲避张某的纠缠和拉扯，后因体力不支坠落于四楼平台，当场死亡。经鉴定，被害人黄某系高坠死亡，被害人冯某所受损伤为轻伤二级。

法院依照《刑法》第234条第2款之规定，以故意伤害罪判处被告人张某有期徒刑十四年。

【案件争点】

被告人张某在与被害人黄某同居期间对黄某实施的暴力是否可认定为家庭暴力。

【裁判要旨】

法院认为，被告人张某故意伤害他人身体，致一人死亡、一人轻伤，其行为已构成故意伤害罪。被告人张某与被害人黄某系具有同居关系的共同生活人员，二人虽因感情问题发生争执，但被告人张某为宣泄其内心愤怒及负面情绪，在面对伤害对象为弱势女性时，使用哑铃、菜刀等工具进行殴打、威吓，并将被害人黄某拖至难以逃脱的高层阳台上，在被害人黄某不堪忍受而翻越围栏后仍未停止对其纠缠与辱骂，最终致被害人黄某坠楼身亡，情节恶劣，后果严重；在案证据证实被告人张某在与被害人黄某同居期间，还曾多次殴打黄某，可见其有长期、持续的家庭暴力史，虽经一次行政处罚仍不悔改，最终酿成本案惨剧，且归案后拒不供认犯罪事实，说明其主观恶性之深，根据《办理家暴案件意见》，对被告人张某应予严惩。在案件审理期间，被告人张某的家属代其赔偿人民币5万元给被害人黄某的家属，部分弥补了原告人的经济损失，鉴于此对被告人张某可酌情从轻处罚，但在从轻幅度上仍应与被告人自愿认罪、积极赔偿并取得被害人一方谅解的情况有所区别。

例案二：郑某和故意杀人案（施暴人犯罪）

【法院】

一审：浙江省乐清市人民法院

二审：浙江省温州市中级人民法院

【案号】

一审：（2013）温乐刑初字第1589号

二审：（2014）浙温刑终字第231号

【控辩双方】

原公诉机关：浙江省乐清市人民检察院

上诉人（原审被告人）：郑某和

【基本案情】

2010年10月开始，被告人郑某和与被害人童某某开始同居生活。2013年5月，童某某提出分手，郑某和不同意。2013年6月22日21时许，郑某和到乐清市××街道××村童某某暂住处骚扰，童某某打110报警，民警出警对双方进行了调解后离开。之后，郑某和又对童某某进行了骚扰并索要分手费，童某某再次打电话报警。郑某和起意杀死童某某，先拿毛巾捂童某某的嘴巴，被童某某挣脱，接着郑某和又用菜刀将一条电线分开，想用带电的电线电死童某某，童某某挣脱后往外跑并喊救命，逃到河边时被郑某和抓住。此时郑某和企图与童某某同归于尽，将童某某抱起放到河边的栏杆上欲推到河里。童某某边喊救命边拼命挣扎，并用双手紧紧抱住栏杆。后闻讯赶来的群众将郑某和制止。

一审法院依照《刑法》第232条、第23条的规定，以故意杀人罪判处被告人郑某和有期徒刑七年。

郑某和上诉称，其和被害人已同居多年，本案系感情纠纷引发，且其当时只想吓唬被害人，并未有杀人的故意，请求二审改判。

二审法院经审理，作出裁定：驳回上诉，维持原判。

【案件争点】

在同居过程中，一方要求分手，另一方为逼迫对方继续共同生活而实施的暴力是否属于家庭暴力，是否能以婚恋纠纷为由认定被告人郑某和犯罪情节较轻。

【裁判要旨】

二审法院认为，被告人郑某和在侦查阶段曾多次供述，其想和被害人童某某同归于尽，且其先后使用了毛巾勒脖、电线电击、扔到河里等三种杀人手段欲置被害人于死地，故意杀人意图明显，郑某和使用暴力故意杀人，其行为已构成故意杀人罪。郑某和已经着手实施犯罪，由于意志以外的原因未能得逞，系犯罪未遂，可减轻处罚。本案虽因感情纠纷引发，但已有配偶的郑某和三番五次骚扰意欲分手的被害人，在索取分手费未果后，又起意杀死被害人，犯罪动机卑劣，郑某和以本案系感情纠纷引发为由要求从轻处罚的意见理由不足，不予采纳。

例案三：曹某故意杀人案（受暴人犯罪）

【法院】

一审：浙江省温州市中级人民法院

二审：浙江省高级人民法院

【案号】

一审：（2015）浙温刑初字第68号

二审：（2015）浙刑一终字第133号

【控辩双方】

原公诉机关：浙江省温州市人民检察院

上诉人（原审被告人）：曹某

【基本案情】

2013年10月，被告人曹某与被害人孙某栋结识并发展为男女朋友关系，2014年2月双方开始同居，同年6月初二人关系恶化，曹某经常因琐事遭受孙某栋的拳打脚踢，曹某提出分手，孙某栋便威胁杀死曹某全家，孙某栋还将曹某的银行卡藏在自己身边掌控。同年6月27日，曹某向派出所报警，未果。同年6月底，孙某栋到温州市××区×工地上工作，并与曹某在工地工棚宿舍内生活。其间，孙某栋除了殴打、言语威胁曹某外，还限制曹某使用手机与他人联系。同年8月8日，曹某再次因琐事遭受孙某栋的殴打，其为了摆脱孙某栋而产生杀人的念头，并于次日购买一把菜刀藏于工棚宿舍床上。同年8月12日凌晨3时50分许，曹某趁孙某栋熟睡之际，在房间内持菜刀砍击孙某栋的左侧大腿，孙某栋惊醒后逃出宿舍求救，曹某在房间外又持菜刀砍击孙某栋的右侧大腿致其倒地。后曹某见邻居章某立用手机报警，担心孙某栋被救活，再次从房间内取来一把水果刀捅刺孙某栋的腹部。后被害人孙某栋经送医抢救无效死亡。被告人曹某在现场被公安人员带走。经法医鉴定，死者孙某栋系遭锐器他伤致左股动脉离断、左股静脉破裂后急性大失血而死亡。

一审法院依据《刑法》第232条、第67条第1款之规定，以故意杀人罪判处被告人曹某有期徒刑八年。

曹某上诉提出，被害人孙某栋威胁杀害其家人，虽经报警亦无效，其杀害孙某栋的意志并不坚决，是一时冲动造成的结果，其本人也是被害人，请求改判。

二审法院经审理，作出裁定：驳回上诉，维持原判。

【案件争点】

被告人曹某在与被害人孙某栋同居期间所遭受的暴力是否属于家庭暴力，对曹某可否认定为"故意杀人"情节较轻。

【裁判要旨】

一审法院认为，被告人曹某供述2014年端午节后与孙某栋关系恶化，经常遭受孙某栋殴打，银行卡被其掌控，提出分手时遭到孙某栋杀死其全家的威胁。搬到工地后，不仅殴打和威胁没有停止，还被迫使用新的手机卡，被限制与他人联系。经查：（1）孙某栋的工友兼邻居即证人章某作证称，案发前几日，其在孙某栋的宿舍看到孙某栋很重地打了曹某，且听孙某栋说过平时钱都是用曹某的；（2）证人周某甲作证称，其曾在工地浴室里看到曹某手臂上的伤痕；（3）公安机关在抓获曹某后对其进行了人身检查，曹某的背部、手臂、大腿有乌青和伤疤；（4）章某的证言以及派出所出具的报警记录单、情况说明证实，2014年6月27日晚曹某因孙某栋对其实施殴打和诅咒威胁向派出所报警；（5）曹某的手机通话清单证实案发前曹某与他人电话联系较少，最频繁的联系人系孙某栋；（6）工商银行ATM监控显示，孙某栋持曹某的银行卡取款。法院认为，由于家庭暴力行为具有高度的隐蔽性，外人很难知晓，上述证据与曹某的供述在较多细节上能相互印证，足以认定孙某栋对曹某实施了身体上的殴打、精神上的威胁和恐吓、经济控制并限制曹某的社会交往，系严重的家庭暴力。被告人曹某因遭受家庭暴力而故意杀人，并致人死亡，其行为已构成故意杀人罪。被害人孙某栋对被告人曹某实施了严重的家庭暴力，对曹某的精神健康造成了重大的损害，曹某为摆脱家庭暴力而将孙某栋杀死，孙某栋对本案的发生具有明显的过错；曹某作案后明知他人报案而在现场等待，抓捕时无拒捕行为，并如实供述自己的犯罪事实，系自首；综合全案，曹某的犯罪情节不是特别恶劣、手段不是特别残忍，对其可认定为故意杀人"情节较轻"。

二审法院认为，被告人曹某在与男友同居生活期间遭受男友暴力对待，因不堪忍受而持刀砍刺致男友死亡，其行为已构成故意杀人罪。鉴于本案因家庭暴力引发，被告人曹某有自首情节，其亲属能代为赔偿被害人亲属部分经济损失，对其可予减轻处罚。

二、裁判规则提要

（一）同居暴力符合家庭暴力的典型特征

1. 家庭暴力

家庭暴力的典型特征主要有以下几点：

（1）一方或双方在情感上对另一方有某种依赖性。双方基于情感上的某种依赖性，进入一种亲密关系，并共同生活在一起。这种情感上的依赖关系，无论是双方的互相依赖，还是一方对另一方的依赖，都是使得受暴人遭受家庭暴力后难以离开这段亲密关系的重要原因之一。

（2）施暴行为人的动机是为了控制对方。根据心理学研究的成果，施暴人反复实施家庭暴力的根源系其因自身的原因在亲密关系中缺乏安全感，于是通过暴力手段迫使另一方屈从于自己的意志，以维护自己的优势地位。

（3）行为具有隐蔽性。家庭暴力通常发生在双方那个被称为"家"的四面墙内，外人不容易知晓。一方面，施暴人为了维护自己在人前的正面形象而不会公之于众，同时会极力阻止受暴人向第三人透露自己的施暴人形象，更会威胁受暴人不得向他人求助；另一方面，受暴人也可能基于各种复杂的心理，认为自己在家中受暴是一件丢脸的事情，不敢或者不愿意公之于众。

（4）行为反复发生，可能具有周期性。由于暴力发生在共同生活的家庭成员之间，它往往不是一次性的，绝大多数施暴人会再次施暴，绝大多数受暴人会再次受到侵害。同时，由于暴力的发生与受暴人说了什么或做了什么没有必然的联系，而是与施暴人因为自己的原因在亲密关系中感到失控，常常需要通过暴力控制对方以重新获得安全感有关，因此多数家庭暴力的发生具有周期性特点。①

2. 同居暴力

随着社会的发展和时代的变迁，未婚同居、婚外同居、同性恋伴侣等同居关系越来越多出现，通常表现为同居者之间未履行法律上的婚姻手续而因有感情而自愿居住、生活在一起，形成了一种实际上的类家庭关系。司法实践中发现，在这些新型的类家庭关系中，一方对另一方的控制型暴力侵害也真实而普遍地存在。细究发生在这些同居者之间的暴力行为，由于同居者之间形成了稳定、封闭的生活状态，且在情感上具有单方面或者互相的依赖关系，其本质与发生在家庭成员之间的暴力行为并无二致，也具有控制性、隐蔽性和反复性等特点。

（二）将同居暴力认定为家庭暴力符合现行立法和司法政策的规定

1. 立法

2016 年 3 月，《反家庭暴力法》开始实施。该法第 2 条界定了该法所称的家庭暴力是什么，同时在第 37 条规定"家庭成员以外共同生活的人之间实施的暴力行为，参照本法规定执行"。依据上述规定，遭遇同居暴力的受暴人具有与在家庭关系中遭遇暴力的受暴人同样的权利。

---

① 关于家庭暴力的周期性特点，参见本书规则第 13 条裁判规则提要部分。

2. 司法政策

在家事司法领域，2020年11月25日，最高人民法院发布"人身安全保护令十大典型案例"。① 在该典型案例中，案例八（吴某某申请人身安全保护令案）与案例十（洪某违反人身安全保护令案）均为同居关系中的一方申请人身安全保护令的案件。最高人民法院在上述两个案例的典型意义中指出，《反家庭暴力法》不仅预防和制止家庭成员之间的暴力行为，也制止家庭成员以外共同生活的人之间实施的暴力行为。同居关系的一方若遭受家庭暴力或者面临家庭暴力的现实危险，人民法院也可依当事人申请作出人身安全保护令。可见，同居暴力受害者的人身权利应当受到法律同等的保护。

在刑事司法领域，早在2015年3月2日，最高人民法院、最高人民检察院、公安部、司法部就联合发布了我国第一个反家庭暴力刑事司法指导性文件《办理家暴案件意见》。该意见开篇即指出"发生在家庭成员之间，以及具有监护、扶养、寄养、同居等关系的共同生活人员之间的家庭暴力犯罪，严重侵害公民人身权利，破坏家庭关系，影响社会和谐稳定"，明确将同居关系纳入家庭暴力犯罪的主体范围。

当然，将同居者之间的暴力认定为家庭暴力，并不意味着法律承认同居暴力关系中的双方具有合法的婚姻关系，而是代表法律对任何亲密关系中的暴力行为均持不容忍的态度。

三、辅助信息

《反家庭暴力法》

第二条　本法所称家庭暴力，是指家庭成员之间以殴打、捆绑、残害、限制人身自由以及经常性谩骂、恐吓等方式实施的身体、精神等侵害行为。

第三十七条　家庭成员以外共同生活的人之间实施的暴力行为，参照本法规定执行。

《刑法》

第二百三十二条　故意杀人的，处死刑、无期徒刑或者十年以上有期徒刑；

---

① 《最高法、妇联、女法官协会联合发布人身安全保护令十大典型案例》（2020年11月25日），载 https://www.court.gov.cn/zixun-xiangqing-274851.html。

情节较轻的，处三年以上十年以下有期徒刑。

第二百三十四条 故意伤害他人身体的，处三年以下有期徒刑、拘役或者管制。

犯前款罪，致人重伤的，处三年以上十年以下有期徒刑；致人死亡或者以特别残忍手段致人重伤造成严重残疾的，处十年以上有期徒刑、无期徒刑或者死刑。本法另有规定的，依照规定。

《办理家暴案件意见》

发生在家庭成员之间，以及具有监护、扶养、寄养、同居等关系的共同生活人员之间的家庭暴力犯罪，严重侵害公民人身权利，破坏家庭关系，影响社会和谐稳定。人民法院、人民检察院、公安机关、司法行政机关应当严格履行职责，充分运用法律，积极预防和有效惩治各种家庭暴力犯罪，切实保障人权，维护社会秩序。为此，根据刑法、刑事诉讼法、婚姻法、未成年人保护法、老年人权益保障法、妇女权益保障法等法律，结合司法实践经验，制定本意见。

涉家庭暴力刑事案件裁判规则第 4 条：

对实施分手暴力构成犯罪的刑事被告人，不应以案件因婚恋、家庭纠纷引发为由予以从轻处罚

【规则描述】　　分手暴力是家庭暴力的延续和升级。人民法院在审理因分手、离婚纠纷引发的故意伤害、故意杀人、绑架、非法拘禁等侵害人身安全的刑事案件时，应注重审查案件中是否存在家庭暴力情节，仔细甄别分手暴力与普通婚恋、家庭纠纷。对实施分手暴力构成犯罪的被告人，不应以婚恋、家庭纠纷引发为由而予以从轻处罚。

一、可供参考的例案

例案一：陈某纯故意杀人案（施暴人犯罪）

【法院】

　　一审：浙江省乐清市人民法院

　　二审：浙江省温州市中级人民法院

【案号】

　　一审：（2022）浙 0382 刑初 380 号

　　二审：（2022）浙 03 刑终 563 号

【控辩双方】

　　原公诉机关：浙江省乐清市人民检察院

　　上诉人（原审被告人）：陈某纯

【基本案情】

　　被告人陈某纯和被害人施某某原系夫妻关系，2021 年 7 月离婚。2022 年 1 月 16 日，被告人陈某纯通过网络购物平台购买了一把刀，同月 23 日 12 时许，被告人陈某

纯携带该刀具来到施某某的住处以谈事情为由要求与施某某见面，施某某联系房东方某某请其到场保护自己。后被告人陈某纯在方某某离开之际，拿出刀具刺向施某某，造成施某某颈部、背部以及手臂等多处受伤。方某某听到施某某呼救声赶回房间制止，夺走刀具扔出窗外，被害人施某某趁机逃脱。经鉴定，被害人施某某遭受暴力作用致其左颈部、背部、右前臂多处裂创，损伤致其右侧少量气胸，右胸壁穿透创，胸9椎体左侧横突骨折，肩胛提肌部分离断，背阔肌、前锯肌、肋间外肌断裂，尺侧腕伸肌腱、小指伸肌腱离断等，损伤程度为轻伤二级。

一审法院依据《刑法》第232条、第23条之规定，以故意杀人罪判处被告人陈某纯有期徒刑九年。

陈某纯上诉及其辩护人提出，陈某纯与被害人系夫妻，离婚后陈某纯多次找被害人是因为事情没有讲清楚，原判认定被告人与被害人之间系非平等主体之间的婚恋纠纷，结合被告人的言行认定被告人具有杀人的动机，属于主观推断；被告人不具有杀人的主观故意，应认定故意伤害罪，而非故意杀人罪。

二审法院经审理，作出裁定：驳回上诉，维持原判。

【案件争点】

对被告人陈某纯的行为是否可以认定为分手暴力。

【裁判要旨】

一审法院认为，本案被告人陈某纯与被害人施某某原系夫妻关系，经法院诉讼离婚后，陈某纯便一直纠缠被害人希望复婚，多次到被害人工作的城市寻找被害人，在被害人暂住处附近蹲点守候被害人多日；在与被害人的对话中威胁被害人，若不和好、不复婚，将对被害人做出让被害人后悔的事，在被害人明确拒绝复婚的要求后，陈某纯回复"我得不到的，别人也别想得到"。而被害人面对被告人的纠缠感到害怕，一直躲避。根据上述事实，可以认定陈某纯的行为符合婚恋关系结束后被迫分手的一方对另一方实施分手暴力的施暴人的行为表现，施某某的表现也符合受暴人因害怕而一味躲避的特征，两人之间并非平等主体之间的婚恋纠纷，陈某纯实施的暴力行为属于分手暴力。分手暴力发生的根本原因在于施暴人的控制欲，施暴的动机主要基于以下两种目的：一是通过暴力迫使另一方服从自己的意愿，比如复合；二是在逼迫受暴人复合的行为无效后惩罚、报复受暴人。被告人陈某纯的行为已构成故意杀人罪。陈某纯已着手实施犯罪，因意志以外的原因未得逞，属于犯罪未遂，可以比照既遂犯减轻处罚。陈某纯自动投案，但庭审中翻供称自己没有杀人的故意，不符合自首的规定，鉴于其案发后主动报警，并在现场附近等待，酌情从轻处罚。

二审法院认为，陈某纯持刀不计后果地捅刺被害人，致被害人轻伤，其行为已构成故意杀人罪。本案虽因陈某纯与被害人的情感纠纷引发，但陈某纯在诉讼离婚后纠缠、蹲点守候、威胁施某某，意图迫使施某某与自己和好，后在复婚无望的情况下，使用事先购买的作案工具，对被害人行凶，陈某纯对被害人实施的是分手暴力，不应以情感纠纷引发为由而对其从轻处罚。

例案二：肖某伟绑架案（施暴人犯罪）

【法院】

浙江省温州市中级人民法院

【案号】

一审：（2020）浙03刑初69号

【控辩双方】

公诉机关：浙江省温州市人民检察院

被告人：肖某伟

【基本案情】

被告人肖某伟与被害人薛某某曾系男女朋友关系。二人分手后，肖某伟多次找薛某某要求复合未果。2019年11月17日，肖某伟购买了一把水果刀。同月19日19时许，肖某伟在微信上要求薛某某支付3000元作为双方恋爱期间花费的补偿。当日21时许，肖某伟持水果刀在浙江省温州市××区××大学继续教育学院内守候，待薛某某及其同学唐某某返校时，持刀从后顶住薛某某的脖子，并挟持薛某某和唐某某来到操场后的花坛边。肖某伟向薛某某索要分手费3000元，唐某某对肖某伟表示放了薛某某就给他钱，肖某伟即向唐某某索要5万元，并要求唐某某脱掉衣服。唐某某不从，肖某伟即持刀捅刺薛某某腿部一刀，唐某某被迫只能脱掉衣服。后唐某某在联系筹钱的过程中趁机报警。肖某伟发现民警到来时，随即持刀连续捅刺薛某某的左胸、腹部等部位多达20余刀，被民警当场制伏。经法医鉴定，被害人薛某某的伤势程度评定为重伤二级。

法院依据《刑法》第239条第1款、第2款，第57条第1款之规定，以绑架罪判处被告人肖某伟无期徒刑，剥夺政治权利终身，并处没收个人全部财产。

【案件争点】

本案是否可以情感纠纷引发为由，对被告人肖某伟从轻处罚。

【裁判要旨】

本案中，家庭暴力问题专家出庭向法庭阐述了分手暴力的概念和特征、其与情感纠纷的区别以及分手暴力产生的原因：（1）分手暴力是指在所有有情感链接的关系中，当被迫分手的一方处于强势而主动分手的一方处于弱势时，被迫分手的一方为强迫、控制对方留在这段关系中而对主动提出分手的一方所实施的暴力。（2）分手暴力和家庭暴力一样，均以控制为目的。分手暴力发生时，双方关系存续期间的暴力往往已经多次发生。当一方不堪忍受，在绝望中提出离婚或分手之时，或者之后，被迫分手的一方为了达到强迫、控制对方的目的，往往会在一定程度上提升暴力的强度和频率。当对方仍不服从时，分手暴力的强度和频率还会进一步上升到危及主动分手方性命的严重程度，演变成恶性刑事案件。有时候，这类案件甚至也会危及被动分手方的性命，即杀死对方后的自杀（未遂）行为。（3）婚恋情感家庭关系中发生的暴力行为，起因似乎都与情感有关。但当双方的情感纠纷上升到一方对另一方动手的程度，其性质就不再是动口不动手的情感纠纷，而是暴力行为。明显区别于情感纠纷，分手暴力的目的是要让对方害怕、恐惧，并因害怕、恐惧而服从。（4）分手暴力产生的原因和家庭暴力产生的原因一样，都与其在原生家庭中被暴力养育的方式有很大关系。根据精神分析理论，一个童年生活在暴力型家庭中的人，往往会因为挨打而习得暴力，长大后将暴力控制作为处理自己婚姻、恋爱、情感、家庭关系中人际冲突的主要方式，从而完成了一个从受害者转变为施暴者的转变过程。这是家庭暴力行为代际传递的典型模式。

被告人肖某伟在与薛某某分手后骚扰、跟踪、威胁薛某某，意图迫使薛某某与自己和好，后在与薛某某复合无望的情况下，事先购买作案刀具，在大学校园内持刀疯狂行凶，并累及薛某某的同学被害人唐某某。本案虽因肖某伟与薛某某的情感纠纷引发，但肖某伟通过对薛某某实施分手暴力来处理自己在恋爱关系中因对薛某某施暴引发的双方恋爱关系的破裂，本来就是错上加错，不应以情感纠纷引发为由反而对其从轻处罚。

例案三：徐某新故意伤害案（施暴人犯罪）

【法院】

一审：山东省威海市中级人民法院

二审：山东省高级人民法院

【案号】

一审：（2015）威刑一初字第 20 号

二审：（2016）鲁刑终 228 号

【控辩双方】

原公诉机关：山东省威海市人民检察院

上诉人（原审被告人）：徐某新

【基本案情】

被告人徐某新与被害人李某琴系夫妻关系，双方婚后因家庭琐事经常吵架，徐某新动辄暴力相向。2015 年 5 月 11 日，李某琴提起离婚诉讼。同年 5 月 25 日 21 时许，徐某新虽同意离婚，但要求李某琴撤诉以协议方式离婚，因李某琴不同意撤诉且称要去青岛看孙子，二人在位于威海市××区××小区 10 楼的家中发生争执和撕扯。其间，徐某新为迫使李某琴听从自己的话，用手击打李某琴的头面部，并将李某琴的头部多次撞击地面，在李某琴求饶说"别打了，我和你过"后，仍继续用手掐李某琴的脖子，后李某琴因脑挫伤死亡。

一审法院依照《刑法》第 234 条第 2 款、第 67 条第 1 款、第 57 条第 1 款之规定，以故意伤害罪判处被告人徐某新无期徒刑，剥夺政治权利终身。

徐某新上诉提出，一审判决量刑过重。辩护人提出，本案系夫妻家务矛盾激化引发的犯罪，徐某新主观恶性较小，徐某新具有自首情节，认罪态度较好，且系初犯、偶犯，建议二审法院对其从轻处罚。

二审法院经审理，作出裁定：驳回上诉，维持原判。

【案件争点】

本案是否属于夫妻家务矛盾激化引发的犯罪，并可因此对被告人徐某新从轻处罚。

【裁判要旨】

二审法院认为，被告人徐某新在与李某琴共同生活期间，因生活琐事动辄对李某琴实施家庭暴力，案发时其又因家庭琐事及离婚诉讼问题发生争执，为达到让李某琴顺从自己的目的，即采取多次击打李某琴头面部及向地面撞击李某琴头部的方式对李某琴实施加害行为，并造成严重后果，可见其犯罪性质恶劣、作案手段残忍、犯罪后果严重，应依法惩处。因被告人徐某新有自首情节，有一定的悔罪表现，在量刑时酌情予以考虑。

二、裁判规则提要

人民法院在审理因分手、离婚纠纷引发的故意杀人、故意伤害、绑架、非法拘禁等侵害人身安全的刑事案件时,有必要以社会性别理念为指导,在审查案件事实、认定案件起因时应仔细审查在案证据,甄别分手暴力与普通婚恋、家庭纠纷,对实施分手暴力的被告人,不应以婚恋、家庭纠纷引发为由从轻处罚。

(一)何为分手暴力

分手暴力一般是指具有亲密关系,如婚姻关系、恋人关系、同居关系或曾具有前述亲密关系的两个人之间,被迫结束关系的一方对主动结束关系的一方所实施的暴力。

从行为特征看,分手暴力有别于发生在陌生人之间的暴力行为,而具有家庭暴力的典型特征,即:(1)发生在亲密关系间,双方有情感依恋或曾有过情感依恋;(2)行为的动机是为了控制对方;(3)行为具有隐蔽性,外人不易知晓;(4)行为反复发生,可能具有周期性;(5)施暴人纠缠不休,受暴人很难摆脱。[①]由于施暴人控制受暴人的内心欲望因为受暴人提出分手或离婚受到刺激而增强,为了达到继续控制受暴人的目的,施暴人会下意识地加大暴力的强度。因此,分手暴力实际上是家庭暴力的延续和升级。

从行为动机看,施暴人实施分手暴力主要基于两种目的:其一,逼迫受暴人放弃分手、离婚决定。在这种情形下,施暴人施暴的目的是逼迫受暴人放弃分手或离婚的决定,从而继续或重新控制受暴人;其二,惩罚、报复受暴人的离去。当施暴人逼迫受暴人放弃分手、离婚决定的行为无效,受暴人仍决意离开时,暴力成了施暴人实施报复的主要手段。

从行为后果看,分手、离婚诉讼期间或者分手、离婚后,受暴人的人身安全受施暴人侵害的频率和暴力的严重程度都会迅速增加。在无法改变受暴人决意离开的情况下,分手暴力常常成为施暴人对受暴人最后一次、也是最严重的一次暴力,且常常累及受暴人的亲友,特别是那些曾经或者正在为受暴人提供支持和帮助的受暴人亲友。实践中,分手暴力常常导致受暴人及其亲友数人伤亡的恶性刑事案件。

---

① 陈敏:《涉家庭暴力案件审理技能》,人民法院出版社2013年版,第2~3页。

（二）将分手暴力认定为婚恋、家庭纠纷，系事实认定错误

司法实务中，分手暴力常常因为发生在被告人和被害人为是否结束恋爱或婚姻关系而挣扎的分手、离婚期间，必然夹杂着双方的感情纠葛和因日常生活琐事产生的矛盾或冲突，施暴人及辩护律师常以婚恋、家庭纠纷作为抗辩理由，部分刑事司法人员因缺乏社会性别理念和反家暴专业知识，错误地将分手暴力认定为婚恋、家庭纠纷。

对于何为婚恋、家庭纠纷，相关法律和司法解释尚无具体、明确的解释，但就一般的理解而言，婚姻家庭纠纷是夫妻或共同生活的家庭成员之间产生的纠纷；恋爱纠纷是发生在恋人关系过程中由于情感、经济等原因产生的矛盾。通常矛盾纠纷的产生是因为生活琐事或言语不和、价值观念不同、为人处世态度不同等所致，双方当事人对案件起因均无明显过错或者都有一定过错。[①] 在婚恋、家庭纠纷中，纠纷的双方主体地位平等，并不存在一方控制另一方的意图或行为。而分手暴力表面上看似乎也是由于感情、经济纠纷或其他日常琐事引发，但分手暴力发生的根本原因还是施暴人受自己的控制欲驱使，以暴力手段迫使亲密关系中的另一方服从自己的意志，其控制对方的意图明显。由于施暴人通过暴力单方面地企图达到控制受暴人的目的，且多数情况下在案发前已经有长期施暴行为存在，因此与婚恋、家庭纠纷不同，分手暴力案件中过错往往在于施暴人一方。

结合上述例案展开分析，可以更清晰地反映出分手暴力与普通婚恋纠纷的区别。例案二中，被告人肖某伟因为受暴人提出分手，便三番五次跟踪骚扰受暴人。在单位同事以及接警公安现场调解后，又二度反悔再次骚扰被害人并威胁索要分手费，意图通过反复持续的骚扰和索要分手费逼迫受暴人与自己复合。得知对方去意已决后便起意杀人。在二人的互动关系之中，受暴人只是躲避退让，是被告人一方多次纠缠、伤害受暴人，因此不应认定为婚恋纠纷，而应认定为分手暴力。例案三中，被告人徐某新婚内长期对妻子李某琴实施家庭暴力。当妻子提起离婚诉讼时，又以协议离婚为幌子，要求妻子撤诉。在遭到拒绝的情况下，为了迫使妻子服从自己、继续留在婚姻关系中，而对妻子实施击打头面部、将妻子的头部多次撞击地面、掐脖子等致命的暴力行为，最终导致妻子死亡的严重后果。虽然其间也夹杂着李某琴要去青岛看孙子等生活琐事争执，但从被害人被打时恳求"别打了，我和你过"的

[①] 中华人民共和国最高人民法院刑事审判第一、二、三、四、五庭主办：《刑事审判参考》（2008年第1集）（总第60集）第474号案例，法律出版社2008年版。

语言，反映出徐某新并非因生活琐事与妻子产生纠纷，其对妻子实施殴打的根本原因还是逼迫妻子放弃离婚的决定以及对妻子提出离婚的泄愤。因此，对该案的起因不应认定由夫妻家务矛盾激化引发，而应认定为分手暴力。

综上，分手暴力与婚恋、家庭纠纷有本质的区别，将分手暴力认定为婚恋、家庭纠纷系事实认定错误。

（三）对实施分手暴力构成犯罪的施暴人以婚恋、家庭纠纷引发为由从轻处罚，系适用法律错误

上述事实认定错误影响量刑的一个直接后果，就是错误地适用1999年《维护农村稳定刑事审判纪要》或2010年《宽严相济意见》的相关规定，对实施分手暴力的施暴人予以从宽处罚，从而造成量刑失当，违背了司法的公平公正。

《维护农村稳定刑事审判纪要》第2项中的意见"（一）关于故意杀人、故意伤害案件"，要求"对于因婚姻家庭、邻里纠纷等民间矛盾激化引发的故意杀人犯罪，适用死刑一定要十分慎重，应当与发生在社会上的严重危害社会治安的其他故意杀人犯罪案件有所区别"。《宽严相济意见》第22条规定，对于因恋爱、婚姻、家庭、邻里纠纷等民间矛盾激化引发的犯罪，因劳动纠纷、管理失当等原因引发、犯罪动机不属恶劣的犯罪，因被害方过错或者基于义愤引发的或者具有防卫因素的突发性犯罪，应酌情从宽处罚。这两个法律文件之所以对恋爱、婚姻、家庭纠纷引发的犯罪从轻处罚，常常是因为此类纠纷的发生，大多数情况下都是事出有因，双方都有责任，很难将责任完全归咎于一方。但是，分手暴力是家庭暴力的升级，施暴人在双方的关系中一直通过暴力迫使对方服从自己的意志从而控制对方，过错仅在于施暴人一方，与普通的婚恋、家庭纠纷有本质的区别，适用上述两个法律文件，是适用法律不当。

分手暴力引发的刑事案件应当适用的是《刑法》相关规定和《办理家暴案件意见》。该意见对办理家庭暴力犯罪案件提供了具体、详细的规范指引。其在第18条规定，对于实施家庭暴力构成犯罪的，应当根据罪刑法定、罪刑相适应原则，兼顾维护家庭稳定、尊重被害人意愿等因素综合考虑，宽严并济，区别对待。根据司法实践，对于实施家庭暴力手段残忍或者造成严重后果；出于恶意侵占财产等卑劣动机而实施家庭暴力；因酗酒、吸毒、赌博等恶习而长期或者多次实施家庭暴力；曾因实施家庭暴力受到刑事处罚、行政处罚；或者具有其他恶劣情形的，可以酌情从重处罚。根据上述规定，对于实施分手暴力的施暴人应结合其犯罪手段、犯罪情节、

主观恶性，根据罪刑法定、罪刑相适应原则进行量刑。施暴人的行为符合《办理家暴案件意见》第 18 条规定的几种恶劣情形的，还应酌情考虑予以从重处罚，才符合罪刑相适应原则。

三、辅助信息

《刑法》

第二百三十二条　故意杀人的，处死刑、无期徒刑或者十年以上有期徒刑；情节较轻的，处三年以上十年以下有期徒刑。

第二百三十四条　故意伤害他人身体的，处三年以下有期徒刑、拘役或者管制。

犯前款罪，致人重伤的，处三年以上十年以下有期徒刑；致人死亡或者以特别残忍手段致人重伤造成严重残疾的，处十年以上有期徒刑、无期徒刑或者死刑。本法另有规定的，依照规定。

第二百三十九条第一款、第二款　以勒索财物为目的绑架他人的，或者绑架他人作为人质的，处十年以上有期徒刑或者无期徒刑，并处罚金或者没收财产；情节较轻的，处五年以上十年以下有期徒刑，并处罚金。

犯前款罪，杀害被绑架人的，或者故意伤害被绑架人，致人重伤、死亡的，处无期徒刑或者死刑，并处没收财产。

《维护农村稳定刑事审判纪要》

（一）关于故意杀人、故意伤害案件

要准确把握故意杀人犯罪适用死刑的标准。对故意杀人犯罪是否判处死刑，不仅要看是否造成了被害人死亡结果，还要综合考虑案件的全部情况。对于因婚姻家庭、邻里纠纷等民间矛盾激化引发的故意杀人犯罪，适用死刑一定要十分慎重，应当与发生在社会上的严重危害社会治安的其他故意杀人犯罪案件有所区别。对于被害人一方有明显过错或对矛盾激化负有直接责任，或者被告人有法定从轻处罚情节的，一般不应判处死刑立即执行。

……

《宽严相济意见》

22.对于因恋爱、婚姻、家庭、邻里纠纷等民间矛盾激化引发的犯罪,因劳动纠纷、管理失当等原因引发、犯罪动机不属恶劣的犯罪,因被害方过错或者基于义愤引发的或者具有防卫因素的突发性犯罪,应酌情从宽处罚。

《办理家暴案件意见》

18.切实贯彻宽严相济刑事政策。对于实施家庭暴力构成犯罪的,应当根据罪刑法定、罪刑相适应原则,兼顾维护家庭稳定、尊重被害人意愿等因素综合考虑,宽严并用,区别对待。根据司法实践,对于实施家庭暴力手段残忍或者造成严重后果;出于恶意侵占财产等卑劣动机实施家庭暴力;因酗酒、吸毒、赌博等恶习而长期或者多次实施家庭暴力;曾因实施家庭暴力受到刑事处罚、行政处罚;或者具有其他恶劣情形的,可以酌情从重处罚。对于实施家庭暴力犯罪情节较轻,或者被告人真诚悔罪,获得被害人谅解,从轻处罚有利于被扶养人的,可以酌情从轻处罚;对于情节轻微不需要判处刑罚的,人民检察院可以不起诉,人民法院可以判处免予刑事处罚。

对于实施家庭暴力情节显著轻微危害不大不构成犯罪的,应当撤销案件、不起诉,或者宣告无罪。

人民法院、人民检察院、公安机关应当充分运用训诫,责令施暴人保证不再实施家庭暴力,或者向被害人赔礼道歉、赔偿损失等非刑罚处罚措施,加强对施暴人的教育与惩戒。

涉家庭暴力刑事案件裁判规则第5条：
被害人或其亲属出具的谅解意见并不必然具有撤销案件选择权或者从轻处罚的法律意义

【规则描述】　涉家庭暴力刑事案件中，部分被害人系未成年人，心智尚未成熟，尚不具备独立判断能力，更不具备权利处分能力；部分被害人亲属兼具被告人亲属的双重身份，谅解中掺杂亲情、子女抚养、物质利益等考量，故相关谅解意见实际上并不当然具有撤销案件选择权或从轻处罚的法律意义。人民法院应当根据是否符合刑罚公正的基本要求、加害人是否真诚悔罪、被害人是否真实谅解三个方面，综合判断是否在具体个案中适用被害人谅解从宽制度。

一、可供参考的例案

例案一：李某某故意伤害案（施暴人犯罪）

【法院】

　　一审：江苏省南京市浦口区人民法院

　　二审：江苏省南京市中级人民法院

【案号】

　　一审：（2015）浦少刑初字第13号

　　二审：（2015）宁少刑终字第19号

【控辩双方】

　　原公诉机关：江苏省南京市浦口区人民检察院

　　上诉人（原审被告人）：李某某

【基本案情】

被告人李某某与马某某于2010年登记结婚，婚前双方各有一女。2012年下半年，李某某夫妇将李某某表妹张某某的儿子即被害人施某某（男，原籍安徽省××县，案发时8周岁）带回南京市抚养，施某某自此即处于李某某的实际监护之下。2013年6月，李某某夫妇到安徽省××县民政局办理了收养施某某的手续。2015年3月31日晚，李某某因认为施某某撒谎，在其家中先后使用竹制"抓痒耙"、塑料制"跳绳"对施某某进行抽打，造成施某某体表150余处挫伤。经鉴定，施某某所受损伤已构成轻伤一级。案发后，被告人李某某于2015年4月4日经公安机关电话通知后主动到案接受调查。

另查明，案发后，公安机关依法从安徽省××县民政局调取了收养人提交的收养材料，其中"收养当事人无子女证明"所盖印章与有权作出证明的单位印章不一致。被害人施某某的生父母与被告人李某某达成和解协议，并对李某某的行为表示谅解。

一审法院依照《刑法》第234条第1款、第67条第1款之规定，以故意伤害罪判处被告人李某某有期徒刑六个月。

上诉人李某某及其辩护人、被害人的诉讼代理人提出，本案属于轻微刑事案件，被害人依法享有程序选择权，一审法院无视被害人及其生父母不追究李某某刑事责任的意志，属于适用法律错误。

二审法院经审理，作出裁定：驳回上诉，维持原判。

【案件争点】

对未成年被害人及其近亲属就家庭暴力案件申请要求转为自诉案件是否当然准许。

【裁判要旨】

二审法院认为，本案被害人系未满10周岁的未成年人，心智尚未成熟，其不具备独立判断能力及权利处分能力，其在庭审中出具的表达不追究李某某刑事责任的书面意见，不具有程序选择的法律意义。另因张某某等作为被害人生父母的同时，亦为上诉人李某某的亲属，考虑到物质生活及学习教育条件优越性比对及亲情关系等因素，代为作出希望本案调解处理的表达，不能当然代表被害人施某某的独立意思表示和根本利益诉求。检察机关基于对未成年被害人的特殊保护原则，就本案提起公诉，并非无视其程序选择权，故对于李某某及其辩护人、被害人的诉讼代理人的该项意见，不予采纳。

例案二：张某亮故意伤害案（施暴人犯罪）

【法院】

一审：安徽省六安市中级人民法院

二审：安徽省高级人民法院

【案号】

一审：（2016）皖15刑初20号

二审：（2017）皖刑终22号

【控辩双方】

原公诉机关：安徽省六安市人民检察院

上诉人（原审被告人）：张某亮

【基本案情】

2015年11月20日23时许，在位于安徽省六安市××县××镇张某亮经营的豆腐坊内，被告人张某亮与妻子马某燕因日常生活琐事发生冲突，张某亮遂用随身所系皮带、屋内笤帚殴打马某燕，并对马某燕腰部、颈部拳打脚踢。其间，命令马某燕脱光衣服且不顾马某燕的哀求，持续殴打马某燕达数十分钟，导致马某燕全身多处受伤并于次日凌晨5时左右死亡。经法医鉴定，马某燕符合遭他人持钝器打击全身多处致广泛性软组织损伤引起创伤性休克机体代谢紊乱出现器官功能衰竭死亡。

一审法院依照《刑法》第234条第2款、第57条第1款之规定，以故意伤害罪判处被告人张某亮无期徒刑，剥夺政治权利终身。

张某亮上诉提出，对其殴打马某燕并致其死亡的犯罪事实供认不讳，但认为其使用一般性生活用具殴打，死亡结果出乎意料，主观恶性相对较小；有主动拨打电话积极抢救行为，认罪悔罪态度较好；授意哥哥报案，在家接受抓捕，构成自首；具有精神病史，行为异于常人，应予考虑。原判量刑过重，请求依法改判十年以下有期徒刑。

其辩护人提出，上诉人张某亮的行为构成自首，张某亮有精神病史，无犯罪前科，认罪悔罪态度好，取得两个儿子的谅解，建议从宽改判。

二审期间，上诉人张某亮之子张某乙、张某对其行为表示谅解，请求予以从宽处罚。

二审法院经审理，作出裁定：驳回上诉，维持原判。

【案件争点】

被害人死亡后,加害人与被害人的共同近亲属以被害人近亲属身份向加害人出具的谅解意见是否当然具有从宽处罚的法律意义。

【裁判要旨】

二审法院认为,上诉人张某亮不能正确处理夫妻矛盾,因生活琐事殴打被害人马某燕,致其受伤进而死亡,构成故意伤害罪。二审期间,上诉人张某亮之子张某乙、张某对其行为表示谅解,请求予以从宽处罚,但本案系家庭暴力直接导致严重后果的恶性案件,上诉人张某亮严重违反了基本家庭伦理和法律义务,其子张某乙、张某二人已成年,对其主动谅解仅仅出于对父亲的亲情,而非因张某亮的真诚悔过;因被害人马某燕死亡、夫妻关系消灭给家庭关系带来的损害,也不能因二人基于孝道作出的谅解得到改善;基于该夫妻家庭关系的社会关系也无法因此得以修复,上诉人张某亮之子的谅解并不构成对其从宽处罚的量刑因素。

例案三:余某某、黄某美故意伤害案(施暴人犯罪)

【法院】

青海省西宁市中级人民法院

【案号】

一审:(2015)宁少刑初字第 9 号

【控辩双方】

公诉机关:青海省西宁市人民检察院

被告人:余某某、黄某美

【基本案情】

被告人余某某、黄某美于 2009 年 4 月 27 日登记结婚,婚后生育一子一女,婚生子余某强自出生后一直随二被告人共同生活,婚生女余某婷出生后主要随祖父母在原籍生活。2015 年 2 月底,二被告人将余某婷(时年 5 周岁)从河北原籍地接至青海省西宁市共同生活。同年 2 月底至 5 月初,余某某在青海省西宁市所租住的××区××小区多次殴打余某婷,并持剪刀捅刺余某婷臀部,致余某婷身体多处损伤。同年 5 月 3 日 10 时许,因怀疑余某婷偷吃客厅梳妆台上的雪饼并撒谎,余某某持擀面杖对余某婷身体多处部位进行殴打,致其倒地后又多次用脚踹余某婷胸腹部,后黄某美也脚踹余某婷。当日 18 时许,因余某婷身体疼痛,无法使用筷子吃饭,余某某见状后将余某婷推倒在地。5月4日8时许，余某某、黄某美发现余某婷处于昏迷状态，遂将余某婷送往西宁市第二人民医院。到达医院门口后，余某某前往西宁市公安局城北公安分局朝阳派出所投案。余某婷被黄某美送至医院时已无临床生命体征，经抢救无效宣告死亡。公安机关接他人报案后，赴医院将黄某美抓获。法医学尸体检验鉴定，余某婷全身损伤达60余处。余某婷系不同时期多处肢体受到钝性外力作用，肢体软组织变性、坏死、出血、肿胀，出现急性肾功能衰竭等一系列的临床表现和病理变化，造成挤压综合征引起死亡。

案发后，余某某得到被害人亲属及村民的谅解。

法院依照《刑法》第234条第1款，第25条第1款，第27条，第67条第1款、第3款，第56条第1款，第72条，第73条第2款之规定，以故意伤害罪，分别判处被告人余某某有期徒刑十五年，剥夺政治权利二年；被告人黄某美有期徒刑三年，缓刑五年。

【案件争点】

法定监护人的加害行为致被害人死亡，被害人其他亲属出具的谅解意见是否当然具有从轻的法律意义。

【裁判要旨】

法院认为，由于本案的特殊性，被害人余某婷的法定监护人系本案二被告人，在此情况下，被害人余某婷的其他亲属不能行使监护人的职权，其提出的谅解意见不予认定。且二被告人供认其长年在外务工、做生意，其原籍村民对其犯罪行为及本案的具体情节均不了解，亦不属于被害人亲属的范畴，所提出的谅解意见不予认定。

二、裁判规则提要

最高人民法院于2010年2月8日发布的《宽严相济意见》中将"被害人的谅解"正式确定为司法实践中的酌定量刑情节。"被害人的谅解"可以是影响刑事案件的量刑从宽情节，在犯罪情节轻微的案件中，也可以是免除刑罚适用的情节。但在具体的适用过程中，存在被害人谅解无法有效体现罪责，不能满足刑罚适用公正性的基本要求。部分判决书在直接描述情节事由如存在被害人谅解后即引出判罚结果，使量刑情节事由和量刑结果直接对接，对于认定此情节事实的理由以及该情节事实因何成为量刑情节的过程则缺少展示，加深了对被害人谅解作为酌定量刑情节确定的根据以及被害人谅解影响量刑合理性的质疑。①

有鉴于此,对于被害人谅解的适用特别是在家庭暴力犯罪案件中要注意把握以下几点:一是不能突破刑罚公正的基本要求;二是适用的前提是加害人具备认罪及真诚悔罪的行为和态度;三是被害人是否真实谅解是适用谅解从宽的关键。围绕以上三点,结合相关家庭暴力犯罪案件,分析如下:

(一)有违刑罚公正基本要求的,不能适用被害人谅解从宽

刑事案件首先强调和体现惩罚性,司法理念和实践应强化被告人的责任意识,同时,刑事司法裁判应当承担起对整个社会伦理道德指引的责任。② 因此,对侵犯国家利益、社会利益的重大刑事案件,以及手段残忍、社会影响恶劣的侵害公民人身权利的犯罪,通过被害人谅解得以从轻处罚的范围应该加以限制,否则谅解从宽及行使撤销案件选择权制度会背上"以钱买刑""以情换刑"的恶名。

如在例案一中,被告人李某某先后使用竹制"抓痒耙"、塑料制"跳绳"对施某某进行抽打,造成施某某体表出现范围极其广泛的150余处挫伤。虽然经鉴定施某某仅为轻伤,但检察机关基于对未成年被害人的特殊保护原则,就本案提起公诉,是对社会公序良俗及刑罚公正的维护。《办理家暴案件意见》第9条规定,对于家庭暴力犯罪自诉案件,被害人是无行为能力人、限制行为能力人,其法定代理人、近亲属没有告诉或者代为告诉的,人民检察院可以代为告诉。可见,该意见对于无民事行为能力人、限制民事行为能力人采特殊保护之态度,赋予检察机关代为告诉的权利,以充分保障无民事行为能力人、限制民事行为能力人的合法权益。故在本案中不适用谅解从宽,未就申请将此案从公诉转为自诉案件的处理方式无疑是正确的。

(二)被告人不具备认罪及真诚悔罪的行为和态度,不能适用谅解从宽

被害人(这里的被害人可泛指被害人近亲属)谅解从宽适用的前提是加害人具备认罪及真诚悔罪的行为和态度。被告人为取得被害人谅解所进行的悔过、补偿等行为,表明其认识到自身行为的危害性,努力积极恢复或减少法益受损的结果,显示其以后不会实施类似行为的态度和决心。这预示着其改造难度的降低,法院据此可对其作出从轻处罚的决定。在例案二中,作为被害人近亲属的二子(亦为被告人之子),出于亲情而作出的谅解并不能表明被告人的人身危险性降低,因此不能以此

---

① 王林林、魏大众:《被害人谅解情节在量刑中的规范化适用》,载《人民司法》2016年第19期。
② 王瑞君:《量刑情节的规范识别和适用研究》,知识产权出版社2016年版,第193页。

作为从轻处罚的依据。

（三）被害人未真实谅解的，不能适用谅解从宽

将被害人谅解作为影响量刑的情节，其首要价值在于弥补被害人因犯罪而遭受的物质损失，抚慰被害人的心理创伤和情绪，修复被告人和被害人之间被犯罪行为所破坏的社会关系。所以在被害人因亲情、子女抚养、物质利益等原因被迫出具谅解意见的情况下，是否适用谅解从宽政策应进行综合考虑；尤其是在家庭暴力引发的刑事案件中，部分被害人系未成年人，尚不具备独立判断能力及权利处分能力，其所表达的谅解意见是否为其真实、独立的意思表示，更应审慎处理。如在例案一中，被害人施某某系未满10周岁的未成年人，心智尚未成熟，而本案所涉刑事犯罪、人伦亲情及法律适用等复杂问题已当然超越这个年龄被害人独立判断及处分的认知和能力范围。被害人作为无民事行为能力人，不能认识到行使程序选择权撤销案件的法律后果，其所出具的表达不追究李某某刑事责任的书面意见，并不具有程序选择的法律意义。另因被害人的生父母亦是加害人李某某的亲属，考虑到物质生活及学习教育条件优越性比对及亲情关系等因素，被害人生父母代为作出希望本案调解处理的表达，不能当然代表被害人施某某的独立意思和根本利益诉求。在例案三中，出具谅解书的被害人其他亲属及村民难以符合被害人谅解制度的主体要求，他们的谅解无法实现弥补被害人因犯罪而遭受的损失，抚慰被害人的心理创伤和情绪，修复被犯罪行为破坏了的社会关系的制度价值，故不应适用谅解从宽。

三、辅助信息

《刑法》

第二百三十四条　故意伤害他人身体的，处三年以下有期徒刑、拘役或者管制。

犯前款罪，致人重伤的，处三年以上十年以下有期徒刑；致人死亡或者以特别残忍手段致人重伤造成严重残疾的，处十年以上有期徒刑、无期徒刑或者死刑。本法另有规定的，依照规定。

《宽严相济意见》

23.被告人案发后对被害人积极进行赔偿,并认罪、悔罪的,依法可以作为酌定量刑情节予以考虑。因婚姻家庭等民间纠纷激化引发的犯罪,被害人及其家属对被告人表示谅解的,应当作为酌定量刑情节予以考虑。犯罪情节轻微,取得被害人谅解的,可以依法从宽处理,不需判处刑罚的,可以免予刑事处罚。

《办理家暴案件意见》

8.尊重被害人的程序选择权。对于被害人有证据证明的轻微家庭暴力犯罪案件,在立案审查时,应当尊重被害人选择公诉或者自诉的权利。被害人要求公安机关处理的,公安机关应当依法立案、侦查。在侦查过程中,被害人不再要求公安机关处理或者要求转为自诉案件的,应当告知被害人向公安机关提交书面申请。经审查确系被害人自愿提出的,公安机关应当依法撤销案件。被害人就这类案件向人民法院提起自诉的,人民法院应当依法受理。

9.通过代为告诉充分保障被害人自诉权。对于家庭暴力犯罪自诉案件,被害人无法告诉或者不能亲自告诉的,其法定代理人、近亲属可以告诉或者代为告诉;被害人是无行为能力人、限制行为能力人,其法定代理人、近亲属没有告诉或者代为告诉的,人民检察院可以告诉;侮辱、暴力干涉婚姻自由等告诉才处理的案件,被害人因受强制、威吓无法告诉的,人民检察院也可以告诉。人民法院对告诉或者代为告诉的,应当依法受理。

涉家庭暴力刑事案件裁判规则第6条：
对家庭暴力案件的施暴人应慎用缓刑。判处缓刑的，应同时适用禁止令

【规则描述】　家庭暴力行为人施暴的核心，是为了控制，其往往呈现周期性、反复性循环发生的特征。为最大限度地威慑施暴人，保护被害人，对有家庭暴力行为的被告人，应慎用缓刑。若需要适用缓刑，应同时适用禁止令。

一、可供参考的例案

例案一：诸葛某某故意伤害案（施暴人犯罪）

【法院】
　　江西省抚州市临川区人民法院
【案号】
　　一审：（2020）赣1002刑初78号
【控辩双方】
　　公诉机关：江西省抚州市临川区人民检察院
　　被告人：诸葛某某
【基本案情】
　　被告人诸葛某某与被害人陈某系夫妻关系。2017年12月27日18时许，诸葛某某和陈某在临川区××店内因收客户钱款的事发生争执，之后，诸葛某某将陈某摔倒在地并用拳头在其左侧胸口打了几拳，导致陈某左侧多根肋骨骨折。第二天，诸葛某某带陈某到医院治疗。经鉴定，陈某的人体损伤程度为轻伤二级。

另查明，从 2017 年起，陈某多次向公安机关报案称被诸葛某某殴打。2019 年 10 月 28 日，诸葛某某因殴打陈某被公安机关行政拘留 12 日，并处罚款 500 元。2019 年 12 月 10 日，公安人员到诸葛某某店中将其口头传唤至公安机关。在审理过程中，诸葛某某取得陈某的谅解。

法院依照《刑法》第 234 条第 1 款、第 67 条第 3 款、第 42 条、第 43 条，《刑事诉讼法》第 15 条之规定，以故意伤害罪判处被告人诸葛某某拘役六个月。

【案件争点】

施暴人已取得受暴人谅解，是否可对施暴人适用缓刑。

【裁判要旨】

法院认为，被告人诸葛某某故意殴打他人致人轻伤二级，其行为已构成故意伤害罪。诸葛某某到案后能如实供述全部犯罪事实，系坦白，依法可从轻处罚，案发后带被害人到医院治疗，并取得陈某的谅解，酌情从轻处罚。因诸葛某某多次殴打陈某，故对被告人诸葛某某不适用缓刑。在本案审理过程中被告人取得被害人谅解，故对公诉机关量刑予以适当修正。

例案二：姚某兵故意伤害案（施暴人犯罪）

【法院】

四川省达州市达川区人民法院

【案号】

一审：（2016）川 1703 刑初 240 号

【控辩双方】

公诉机关：四川省达州市达川区人民检察院

被告人：姚某兵

【基本案情】

2016 年 3 月 15 日，被告人姚某兵与被害人江某因感情纠纷在公安机关达成协议，姚某兵承诺不再纠缠江某。此后，姚某兵仍用辱骂、污秽、威胁的语言发数百条短信，或采取踢门、敲门、恶意断电等方式不断骚扰江某。2016 年 5 月 17 日 9 时许，姚某兵来到江某所在的某能源有限公司，江某因长期受到姚某兵的骚扰，起身驱赶姚某兵。姚某兵一怒之下用拳头将江某打倒在地后离开现场。经四川省达州市公安局物证鉴定所鉴定，江某外伤致左侧颧骨弓骨折、眼眶外侧壁骨折、张口困难 I

度均评定为轻伤；江某外伤致左侧颧骨弓骨折经行颧弓骨折复位术后瘢痕形成评定为轻伤。江某住院期间，姚某兵仍以同样方式骚扰江某。姚某兵于2016年5月19日被公安机关传唤到案，其归案后，如实供述了自己的上述行为。

被害人江某住院后，被告人姚某兵支付其医疗费35000元。在审理过程中，姚某兵亲属与江某达成和解协议，由姚某兵一次性赔偿江某各种费用2万元，江某向姚某兵出具了谅解书。

法院依照《刑法》第234条第1款、第67条、第72条、第73条、第72条第2款，《管制、宣告缓刑的犯罪分子适用禁止令规定》第11条、第12条之规定，以故意伤害罪判处被告人姚某兵有期徒刑二年，缓刑三年；同时，判令被告人姚某兵在缓刑考验期限内禁止进入被害人江某的住所、办公室以及接触被害人江某。

【案件争点】

对持续实施家庭暴力构成犯罪的被告人，判处缓刑是否需要同时适用禁止令。

【裁判要旨】

法院认为，被告人姚某兵强行与被害人江某交友不成，便以恶劣的方式不断骚扰被害人，还故意伤害江某身体，致江某轻伤，其行为已构成故意伤害罪。考虑到归案后，姚某兵认罪态度较好，对自己的犯罪事实供认不讳，并积极赔偿被害人的损失。根据被告人姚某兵的犯罪事实、犯罪性质、情节及社会危害程度，对姚某兵适用缓刑。但为了更好地保护被害人，法院禁止其在缓刑考验期限内进入江某的住所、办公室以及接触江某。

例案三：于某某故意伤害案（施暴人犯罪）

【法院】

浙江省乐清市人民法院

【案号】

一审：（2012）温乐刑初字第1579号

【控辩双方】

公诉机关：浙江省乐清市人民检察院

被告人：于某某

【基本案情】

被告人于某某和被害人郑某某自2010年8月经相亲认识成为恋人。相处一段时间后，郑某某提出和于某某分手，于某某一直通过电话短信方式骚扰郑某某。2012年6月7日12时许，于某某通过欺骗方式约郑某某见面。因言语不和，在一路口将郑某某打伤。经法医鉴定，郑某某左上臂小片状瘀斑及右眼部挫伤痕之性状特征符合钝器作用所致，损伤致其右侧鼻骨骨折，右眼眶内侧壁骨折，其损伤程度构成轻伤。案发后于某某投案自首；在审理过程中，在法院主持下双方达成调解协议，于某某赔偿了郑某某66000元，得到了郑某某的谅解。

法院依照《刑法》第234条第1款、第67条第1款、第72条第1款及第2款、第73条第2款及第3款、第76条之规定，以故意伤害罪判处被告人于某某有期徒刑十个月，缓刑一年六个月；同时判决在缓刑考验期间，未经对方同意，禁止接触被害人郑某某。

【案件争点】

对实施家庭暴力构成犯罪的被告人判处缓刑时，是否应直接适用禁止令。

【裁判要旨】

法院认为，本案因男女之间感情纠纷引起，被告人具有自首情节，认罪悔罪表现较好，在审理过程中，被告人和被害人达成和解，被害人对被告人的行为表示谅解，并要求对被告人适用缓刑，故可对被告人适用缓刑。但考虑到案发前被告人经常给被害人发送具有威胁内容的短信，为避免宣告缓刑后，被告人继续骚扰被害人或者实施其他违法行为，在宣告缓刑的同时，法院对被告人适用禁止令，禁止其在缓刑考验期内接触被害人。

二、裁判规则提要

（一）对实施家庭暴力构成犯罪的被告人应慎用缓刑

家庭暴力行为人施暴的动机是为了掌控被害人，施暴本身不是目的，而是施暴人为达到控制受暴人而采取的手段。同时，家庭暴力往往呈现周期性和反复性的特点，突出体现在暴力行为的循环往复上，即双方之间往复发生：关系紧张积累期→暴力爆发期→平静期（蜜月期）→再次进入关系紧张期。在没有外力介入或者没有有效心理干预的情况下，多数施暴人很难控制住自己内在需要的外在表达，而受暴人很难单靠自己的力量有效阻断暴力的循环往复。

鉴于家庭暴力行为人内在控制欲在行为上的暴力表达具有周期性和反复性的特点，若没有接受过有效的心理干预，大多不符合"没有再犯可能性"这一缓刑适用的条件。比如，在例案一中，被告人诸葛某某因家庭琐事，多次殴打妻子陈某，致陈某多次受伤并报警，即使在公安机关发出《家庭暴力告诫书》后，其仍置若罔闻，我行我素，继续对被害人实施家庭暴力。正是考虑到家庭暴力行为人具有反复施暴的特点，即使被害人出具了谅解书，人民法院亦未对被告人适用缓刑。

（二）对实施家庭暴力犯罪的被告人适用缓刑的，应同时适用可执行的禁止令

1. 适用禁止令是为了有效制止暴力。对实施家庭暴力犯罪的被告人判处缓刑，同时适用禁止令的目的，一方面是威慑被告人不得再犯，保护被害人的人身和财产安全不受侵犯；另一方面也是公权力强力介入的标志。在禁止令的执行过程中，施暴人若仍实施违反禁止令的行为，则说明其不思悔改，且蔑视司法权威，应受到进一步的惩处，以有效制止其继续对被害人施暴。

2. 禁止令应具体、明确、具有可执行性。借鉴《反家庭暴力法》关于人身安全保护令的禁止事项，在刑事案件中，禁止令的内容可细化为以下几点：（1）禁止以任何方式殴打、辱骂被害人；（2）禁止骚扰、跟踪、接触被害人及其近亲属；（3）禁止进入或靠近被害人工作和学习的场所，以及被害人需要接送孩子的幼儿园、学校等场所××米之内；（4）具备条件的，责令被告人迁出双方共同的住所；（5）保护被害人人身安全的其他措施。上述禁止性内容，应当根据案件具体情况选择适用一项或者几项内容，做到具体、全面、可执行。比如，例案二中，人民法院在考虑禁止令的内容时，就结合案件实际情况，选择了上述第2项、第3项禁止事项。

3. 禁止令不应附加"被害人同意"的解除条件，否则存在以下潜在风险。（1）意味着施暴人可以通过一定手段联系或接触被害人，这本身就违背了人民法院适用禁止令的初衷，也给禁止令的执行带来困难和障碍。比如，在例案三中，人民法院的判决附加了禁止被告人于某某在缓刑考验期间未经对方同意接触被害人郑某某的内容。这意味着被告人在征得被害人同意后可以接触被害人，禁止令关于不得接触的事项可不执行，这就可能使得施暴人心存侥幸，采取各种手段或方式"取得"被害人的同意，也可能在违反禁止令时据此理由进行抗辩，给禁止令的执行增加难度；（2）家庭暴力中施暴人本身就是通过不断的暴力威胁、恐吓等手段，让受暴人因害怕而屈从，禁止令的功能，是要在被害人和被告人之间发挥隔离墙的作用，达到使被告人想施暴也够不到被害人的目的。如果在禁止令的内容中附加"被害人同意"的解除条件，就可能导致禁止令失去隔离墙的作用，暴力可能再次发生；（3）长期遭受家庭暴力的受暴人，因为家庭暴力周期性循环的影响，常常对施暴人抱有幻想，

在施暴人的软硬兼施下，以为施暴人能自己变回当初那个不会动手打人的伴侣，而选择再次相信施暴人，结果可能再次陷入家庭暴力的恶性循环中。

三、辅助信息

《刑法》

第四十二条　拘役的期限，为一个月以上六个月以下。

第七十二条　对于被判处拘役、三年以下有期徒刑的犯罪分子，同时符合下列条件的，可以宣告缓刑，对其中不满十八周岁的人、怀孕的妇女和已满七十五周岁的人，应当宣告缓刑：

（一）犯罪情节较轻；

（二）有悔罪表现；

（三）没有再犯罪的危险；

（四）宣告缓刑对所居住社区没有重大不良影响。

宣告缓刑，可以根据犯罪情况，同时禁止犯罪分子在缓刑考验期限内从事特定活动，进入特定区域、场所，接触特定的人。

被宣告缓刑的犯罪分子，如果被判处附加刑，附加刑仍须执行。

第七十三条　拘役的缓刑考验期限为原判刑期以上一年以下，但是不能少于二个月。

有期徒刑的缓刑考验期限为原判刑期以上五年以下，但是不能少于一年。

缓刑考验期限，从判决确定之日起计算。

第二百三十四条　故意伤害他人身体的，处三年以下有期徒刑、拘役或者管制。

犯前款罪，致人重伤的，处三年以上十年以下有期徒刑；致人死亡或者以特别残忍手段致人重伤造成严重残疾的，处十年以上有期徒刑、无期徒刑或者死刑。本法另有规定的，依照规定。

《管制、宣告缓刑的犯罪分子适用禁止令规定》

第二条　人民法院宣告禁止令，应当根据犯罪分子的犯罪原因、犯罪性质、犯罪手段、犯罪后的悔罪表现、个人一贯表现等情况，充分考虑与犯罪分子所犯罪行的关联程度，有针对性地决定禁止其在管制执行期间、缓刑考验期限内"从事特定活动，进入特定区域、场所，接触特定的人"的一项或者几项内容。

第六条　禁止令的期限，既可以与管制执行、缓刑考验的期限相同，也可以短于管制执行、缓刑考验的期限，但判处管制的，禁止令的期限不得少于三个月，宣告缓刑的，禁止令的期限不得少于二个月。

判处管制的犯罪分子在判决执行以前先行羁押以致管制执行的期限少于三个月的，禁止令的期限不受前款规定的最短期限的限制。

禁止令的执行期限，从管制、缓刑执行之日起计算。

第十二条　被宣告缓刑的犯罪分子违反禁止令，情节严重的，应当撤销缓刑，执行原判刑罚。原作出缓刑裁判的人民法院应当自收到当地社区矫正机构提出的撤销缓刑建议书之日起一个月内依法作出裁定。人民法院撤销缓刑的裁定一经作出，立即生效。

违反禁止令，具有下列情形之一的，应当认定为"情节严重"：

（一）三次以上违反禁止令的；

（二）因违反禁止令被治安管理处罚后，再次违反禁止令的；

（三）违反禁止令，发生较为严重危害后果的；

（四）其他情节严重的情形。

涉家庭暴力刑事案件裁判规则第7条：

对有既往实施家庭暴力行为的被告人，不认定为初犯，且可予以从重处罚

【规则描述】　　家庭暴力具有从轻到重的规律。实施家庭暴力构成刑事案件时，是因为被告人对被害人实施了最新的，而非初次的暴力行为，且造成了严重的伤害后果，被告人虽从未因以往实施的暴力行为受到法律惩罚，但不代表其是第一次对家人施暴。因此，对有既往实施家庭暴力行为的被告人追究刑事责任时，未受行政、司法惩处不是认定为初犯的理由，而是酌情从重处罚的情节。

一、可供参考的例案

例案一：占某某故意伤害案（施暴人犯罪）

【法院】

青海省玉树藏族自治州中级人民法院

【案号】

一审：（2018）青27刑初5号

【控辩双方】

公诉机关：青海省玉树藏族自治州人民检察院

被告人：占某某

【基本案情】

被告人占某某经常因琐事殴打其妻即被害人阮某某。阮某某因不堪忍受而经常离家躲避至其父母或兄弟家中，但其父母和兄弟均因此遭到占某某的恐吓。2018年3月25日晚，阮某某被其弟弟和弟媳妇劝回家中。占某某见阮某某回家，质问她是否

有外遇，并强迫阮某某脱光衣服，用事先准备的摩托车内胎皮条抽打阮某某的臀部，后又用一根柏树枝向阮某某头面部、臀部、腿部、手臂等部位连续抽打，后因阮某某喊肚子很疼，占某某才停止殴打阮某某。次日 8 时左右，占某某到邻居家请邻居安某某去找村医阿某来救治阮某某，村医到达占某某家中诊脉，发现阮某某脉搏微弱，阮某某说她腹部疼痛难忍，要求打止痛针，随后给阮某某打了两瓶"安痛定"，并想进一步查看阮某某伤情，却被占某某制止。当日 10 时左右，阮某某死亡。经法医鉴定，阮某某因大面积软组织挫伤出血，剧烈疼痛，造成创伤性休克而死亡。

被告人占某某否认被指控的犯罪事实，并辩解称阮某某死亡与其没有任何关系。其辩护人辩称，占某某系初犯，请求法庭予以从轻处罚。

法院依照《刑法》第 234 条第 2 款、第 48 条、第 57 条第 1 款之规定，以故意伤害罪判处被告人占某某死刑，缓期二年执行，剥夺政治权利终身。

【案件争点】

对长期实施家庭暴力的被告人初次追究刑事责任时，是否可将其作为初犯酌情从轻处罚。

【裁判要旨】

法院认为，根据被告人占某某的儿子，被害人的家属青某某、多某、阿某某等多人的证言，占某某多次对被害人阮某某及子女施暴。阮某某因害怕多次离家到亲友家躲避，殃及亲友经常遭到占某某的恐吓，最终只能躲到树林、深山等处。故被告人对被害人的迫害在婚后多年持续存在，不符合初犯尚未形成犯罪习癖、主观恶性不深、可改造性大、人身危险性和社会危害性相对较小的特征，不应认定为初犯。

例案二：薛某某故意杀人案（施暴人犯罪）

【法院】

一审：浙江省乐清市人民法院

二审：浙江省温州市中级人民法院

【案号】

一审：（2016）浙 0328 刑初 1270 号

二审：（2016）浙 03 刑终 1986 号

【控辩双方】

原公诉机关：浙江省乐清市人民检察院

上诉人（原审被告人）：薛某某

【基本案情】

被告人薛某某与被害人黄某希系夫妻关系，薛某某怀疑黄某希有外遇，夫妻之间关系并不融洽，薛某某曾多次对黄某希实施家庭暴力，特别是在2011年，薛某某接受脑垂体瘤手术后，薛某某对黄某希的暴力越发严重，至案发前薛某某曾多次扬言要杀死黄某希。2016年2月16日8时许，在乐清市柳市镇象阳社区大谟村家中，薛某某不让黄某希独自离开家，强行将黄某希拉至三楼，让黄某希听其讲话长达两三个小时。接着薛某某在三楼客厅用金属材质的保温杯、保温壶、烧水壶等连续猛击黄某希头部、面部，并用手掐、用数据线勒黄某希脖子，欲杀死被害人，后因黄某希屏住呼吸，薛某某误以为她已窒息死亡，才停止施暴。接着薛某某将两瓶平时服用的抗焦虑和失眠的"艾司唑仑片"药品服下欲自杀，待薛某某药性发作后，黄某希便开窗向附近邻居求救。当日13时许，民警接警后将两人分别送往医院抢救，两人均脱离生命危险。

一审法院依照《刑法》第232条、第23条之规定，以故意杀人罪判处被告人薛某某有期徒刑十年二个月。

被告人薛某某上诉及其辩护人辩称，薛某某的行为属于故意伤害罪而非故意杀人罪，本案与家庭暴力有本质区别，结合其有自首情节，取得被害人谅解，应予从轻处罚。

二审法院经审理，作出裁定：驳回上诉，维持原判。

【案件争点】

被告人曾有家暴行为，单次施暴行为构成犯罪时，此前的施暴史是否作为从重处罚情节考虑。

【裁判要旨】

二审法院认为，被告人薛某某案发前多次扬言要杀害黄某希，案发当日不仅持保温杯、保温壶、热水壶等猛砸黄某希头面部等处，致金属外壳保温杯、保温壶、热水壶严重变形，造成被害人黄某希头面部严重肿胀、皮下出血、双眼无法睁开等，还使用足以致命的数据线猛勒黄某希脖子，直至黄某希憋气装死才停止暴力，案发后薛某某以为黄某希已死亡而服药自杀，应认定其行为构成故意杀人罪。被害人黄某希的陈述及3位证人的证言等证据，足以印证证实被告人薛某某长期对妻子黄某希实施暴力殴打、以杀害黄某希或其亲人进行威胁，对黄某希进行身体、精神侵害，故对薛某某及其辩护人提出的薛某某没有实施家庭暴力的意见不予采纳。被告人薛某某长期实施家庭暴力，应酌情从重处罚。原判考虑到薛某某系未遂犯，已予从轻处罚。

例案三：孙某故意伤害案（施暴人犯罪）

【法院】

河南省息县人民法院

【案号】

一审：（2019）豫 1528 刑初 530 号

【控辩双方】

公诉机关：河南省息县人民检察院

被告人：孙某

【基本案情】

2019 年 3 月以来，被告人孙某在位于息县包信镇某大道的自己家中，以其孙女王某慧（女，2012 年 6 月 3 日出生）不听话、偷吃东西为由，用塑料管、电线抽打，笤帚、木棍殴打，缝衣钢针扎，平口钳子夹，手指掐，嘴咬，挨饿等方式，持续、多次伤害王某慧身体，致王某慧全身多处损伤。经息县公安局物证鉴定室鉴定：王某慧所受损伤程度系轻伤一级。案发后，孙某主动投案，并如实供述自己的犯罪事实。

法院依照《刑法》第 234 条第 1 款、第 67 条第 1 款之规定，以故意伤害罪判处被告人孙某有期徒刑二年三个月。

【案件争点】

被告人以"管教"名义多次实施家暴行为，是否作为既往施暴史予以从重处罚。

【裁判要旨】

法院认为，被告人孙某自 2019 年 3 月以来经常对被害人进行打骂，具有长期性和连续性，应属既往施暴史。本案轻伤后果是孙某单次殴打行为造成，应以故意伤害罪定罪。被告人孙某身为被害人的祖母，在被害人父母外出务工后委托其照顾被害人，其应尽到监护教育的责任和义务，其仅因孩子不听话、偷吃东西就反复对其进行殴打致伤，后果十分严重，其行为不仅触犯法律，亦有违中华民族尊老爱幼的传统美德，应予严惩。因虐待罪在没有造成重伤或死亡等严重后果的情况下，属于自诉案件范围，不诉不理，如在故意伤害罪中再不予以酌情从重处罚，不利于未成年人合法权益的保障，无法体现对侵害未成年人违法犯罪惩治力度的加大。

二、裁判规则提要

（一）既往施暴行为足以否定初犯评价

初犯是指那些具有尚未形成犯罪习癖、主观恶性不深、可改造性大、人身危险性和社会危害性相对较小特征的被告人。家庭暴力具有很强的隐蔽性。公诉机关往往只能对被告人系列家暴行为中最近的一次或造成被害人最严重后果的一次行为提起公诉。但家庭暴力总是会反复发生，并非单次的、偶尔的行为，而是持续性的、经常性的暴力行为，对于受害人的侵害是反复和严重的。最高人民法院中国应用法学研究所公布的《涉及家庭暴力婚姻案件审理指南》第5条亦明确，家庭暴力行为的发生和发展，往往呈周期性循环的规律。这种规律决定了施暴人会不止一次地对被害人施暴，直到造成严重后果，构成刑事案件，因此，法院受理的家庭暴力引发的刑事案件，被告人（施暴人）极少是初犯或者偶犯。

（二）既往施暴行为是酌情从重的处罚因素

首先，家庭暴力是施暴人为了控制被害人而反复实施的伤害行为。司法实践中，大部分家庭暴力犯罪案件中的被害人是家庭中的妇女、儿童和老人等弱势群体。这种行为突破了社会的道德标准和法律的屏障，也是家庭暴力向下一代传递的根源，因此，家庭暴力犯罪案件中的被告人通常具有比常人更深、更残忍的主观恶性。

其次，"任何人不得从自己的错误行为中获益"[①]是各国司法界普遍认可的重要原则。从刑罚的角度，被告人之前的施暴行为没有受到惩罚已经是一种获益了，本次犯罪中若再作为初犯的情节就是双重获益，与该原则明显相悖。因此，在办理此类案件时，对于侵害特殊人群的行为在量刑上要予以从重，"该严则严"。

（三）既往家暴行为的证据把握

其一，家暴行为的行政处罚或刑事处罚记录、足以证实既往家暴行为应予处罚的伤势鉴定等客观证据，是既往施暴行为的最佳证据材料。

其二，被害人陈述或当事人近亲属证言提及被告人存在家庭暴力行为或被告人

---

① 法谚"任何人不得从自己的错误行为中获益"（No one can take advantage of his own wrong），自"里格斯诉帕尔默案"后成为重要司法原则。

前科劣迹中与家庭暴力行为存在关联性时，应当积极跟进，将其作为影响定罪量刑的情节予以查证。

其三，人民法院无法依职权调查的，可函告检察机关予以补充侦查，调取相应书证、证人证言，并在庭审过程中指引控辩双方就此情节进行充分辩论，以便综合案情作出判断。如上述例案一中，法院以多名证人证言形成的证据链条，认定被告人对被害人的迫害在婚后多年持续存在，因而将其既往施暴行为作为对被告人酌情从重处罚的考量因素予以考虑。

三、辅助信息

《刑法》

第二百三十二条　故意杀人的，处死刑、无期徒刑或者十年以上有期徒刑；情节较轻的，处三年以上十年以下有期徒刑。

第二百三十四条　故意伤害他人身体的，处三年以下有期徒刑、拘役或者管制。

犯前款罪，致人重伤的，处三年以上十年以下有期徒刑；致人死亡或者以特别残忍手段致人重伤造成严重残疾的，处十年以上有期徒刑、无期徒刑或者死刑。本法另有规定的，依照规定。

《反家庭暴力法》

第二条　本法所称家庭暴力，是指家庭成员之间以殴打、捆绑、残害、限制人身自由以及经常性谩骂、恐吓等方式实施的身体、精神等侵害行为。

《办理家暴案件意见》

18.切实贯彻宽严相济刑事政策。对于实施家庭暴力构成犯罪的，应当根据罪刑法定、罪刑相适应原则，兼顾维护家庭稳定、尊重被害人意愿等因素综合考虑，宽严并用，区别对待。根据司法实践，对于实施家庭暴力手段残忍或者造成严重后果；出于恶意侵占财产等卑劣动机实施家庭暴力；因酗酒、吸毒、赌博等恶习而长期或者多次实施家庭暴力；曾因实施家庭暴力受到刑事处罚、行政处罚；或者具有其他恶劣情形的，可以酌情从重处罚。对于实施家庭暴力犯罪情节较轻，或者被告人真诚悔罪，获得被害人谅解，从轻处罚有利于被扶养人的，可以酌情从轻处罚；对于情节轻微不需要判处刑罚的，人民检察院可以不起诉，人民法院可以判处免予刑事处罚。

对于实施家庭暴力情节显著轻微危害不大不构成犯罪的，应当撤销案件、不起诉，或者宣告无罪。

人民法院、人民检察院、公安机关应当充分运用训诫，责令施暴人保证不再实施家庭暴力，或者向被害人赔礼道歉、赔偿损失等非刑罚处罚措施，加强对施暴人的教育与惩戒。

《涉及家庭暴力婚姻案件审理指南》（最高人民法院中国应用法学研究所发布，2008年5月）

第五条 家庭暴力发生和发展的规律

家庭暴力行为的发生和发展，呈周期性模式。模式的形成，一般要经过两个或两个以上暴力周期。每个周期通常包括关系紧张的积聚期（口角、轻微推搡等）、暴力爆发期（暴力发生、受害人受伤）、平静期（亦称蜜月期，加害人通过口头或行为表示道歉求饶获得原谅，双方和好直到下个暴力周期的到来）。加害人往往屡悔屡犯、始终不改。道歉、忏悔只是当家庭暴力暂时失效时，加害人借以达到继续控制受害人的手段而已。暴力周期的不断重复，使受害人感到无助和无望，因而受制于加害人。

涉家庭暴力刑事案件裁判规则第 8 条：
对有酗酒、吸毒、赌博等恶习的施暴人，应予以酌情从重处罚

【规则描述】　　醉酒、吸毒、赌博等不良嗜好不会导致一个本来没有家庭暴力倾向的人对家人施暴，但一个有家庭暴力倾向的人，若伴有上述不良嗜好，其实施的家庭暴力的严重程度会增强，因此，具有上述不良嗜好的被告人因实施家庭暴力构成犯罪时，应酌情予以从重处罚，且因酗酒、吸毒所致精神病变不必然减轻其刑事责任。

一、可供参考的例案

例案一：李某故意伤害案（施暴人犯罪）

【法院】
　　北京市通州区人民法院
【案号】
　　一审：（2016）京 0112 刑初 109 号
【控辩双方】
　　公诉机关：北京市通州区人民检察院
　　被告人：李某
【基本案情】
　　被告人李某与妻子白某某共同暂住于北京市通州区永顺镇 × 村，二人于 2015 年 3 月 25 日生育一子李某某。其间，李某在个人心情不好或孩子哭闹时多有殴打孩子行为。同年 6 月 13 日，李某因琐事与白某某发生口角并将白某某赶出家门。留在家中的李某某哭闹，李某遂用手扇打李某某头面部。经鉴定，李某某硬膜下大量积液，左额叶、左颞叶脑挫伤等伤，属重伤二级。同月 15 日，李某在其暂住处被民警抓获。

被告人李某曾因吸食毒品于 2014 年 9 月被行政拘留 5 日。

被告人李某对起诉书指控的犯罪事实未提出异议，但辩解是其主张让白某某带李某某到医院进行治疗的。另，其表示对自己的行为很后悔，请求对其从轻处罚。

辩护人的主要辩护意见为：李某因长期吸毒引起精神障碍，致使自己的行为失去控制，建议法院考虑李某的精神状态，以及李某被抓获后如实供述自己的犯罪事实，对李某从轻处罚。

被害人及其法定代理人的诉讼代理人表示，李某吸毒属自愿行为，不宜从轻处罚。李某并未及时将被害人李某某送往医院，不属于及时救治。李某某的病情尚未恢复，请求法院对李某从重处罚。

法院依照《刑法》第 234 条、第 55 条第 1 款、第 56 条第 1 款、第 45 条、第 47 条、第 67 条第 3 款之规定，以故意伤害罪判处被告人李某有期徒刑七年，剥夺政治权利一年。

【案件争点】

吸毒所致精神障碍导致的家暴行为是否必然从轻处罚。

【裁判要旨】

法院认为，被告人李某身为人父，对其子李某某实施暴力，故意伤害李某某身体，致李某某重伤，其行为已构成故意伤害罪，应依法予以惩处。尽管李某某被送往医院确实是李某提议，但李某是在其将李某某致伤后第 3 日才提议就医，此时已对李某某身体造成严重伤害，故李某提议救治的行为不同于事发后立即积极抢救的行为，不具有及时性，对其相应的从轻处罚意见，不予采纳。导致李某出现精神障碍的原因是非病理性的吸毒行为所致，吸毒行为具有违法性、自陷性，李某对吸毒可能会产生控制能力丧失或者减弱是明知的，对犯罪后果应当承担相应的刑事责任，不宜对其从轻处罚。我国法律禁止任何形式的家庭暴力，未成年人遭受家庭暴力的，应该给予特殊保护。

例案二：张某成故意杀人案（施暴人犯罪）

【法院】

一审：四川省凉山彝族自治州中级人民法院

二审：四川省高级人民法院

【案号】

一审：（2014）川凉中刑初字第 121 号

二审：（2015）川刑终字第 175 号

【控辩双方】

原公诉机关：四川省凉山彝族自治州人民检察院

上诉人（原审被告人）：张某成

【基本案情】

被告人张某成与被害人黄某某（女，殁年 47 岁）经人介绍于 1999 年按农村风俗举行婚礼后同居生活。2012 年 6 月，黄某某以张某成对其实施家庭暴力及张某成经常喝酒、赌博为由申请离婚，四川省西昌市月华乡人民调解委员会于同年 8 月 8 日组织双方调解，张某成表示愿意改正缺点，黄某某同意和好。2013 年 10 月 13 日 18 时许，张某成与黄某某在其位于四川省西昌市月华乡万古村 6 组的家中因琐事发生口角，张某成持砍刀砍杀黄某某头、手等部位数刀，致黄某某因重度开放性颅脑损伤死亡。张某成于当日在家中被抓获归案。

一审法院依照《刑法》第 232 条、第 48 条、第 50 条第 2 款、第 57 条第 1 款之规定，以故意杀人罪判处被告人张某成死刑，缓期二年执行，剥夺政治权利终身；对被告人张某成限制减刑。

张某成上诉提出，其主观上无杀人的故意，杀人行为系醉酒后幻觉所致，一审认定其行为构成故意杀人罪与事实不符。

二审法院经审理，作出裁定：驳回上诉，维持原判。

【案件争点】

醉酒能否成为家庭暴力犯罪的阻却要件。

【裁判要旨】

二审法院认为，攀枝花市第三人民医院精神医学司法鉴定所鉴定意见书及情况说明证实张某成患有酒精依赖，但具有刑事责任能力。民事起诉状、《人民调解协议书》、证人证言等证实张某成明知自己极易酒后失控而施暴，仍将自身陷于醉酒后的行为失控或意识模糊情境中，应对施暴行为负责。案发时，张某成酒后持砍刀不计后果连续砍杀黄某某的头面部等要害部位，其主观上剥夺被害人生命的故意明显，客观上造成了黄某某重度开放性颅脑损伤死亡结果的发生，张某成主观上无杀人故意的上诉理由和辩护意见，不能成立。

例案三：陈某某故意杀人案（施暴人犯罪）

【法院】

浙江省温州市中级人民法院

【案号】

一审：（2021）浙03刑初51号

【控辩双方】

公诉机关：浙江省温州市人民检察院

被告人：陈某某

【基本案情】

被告人陈某某和被害人柳某某曾系恋人关系，因陈某某赌博、家庭暴力等原因，2019年年底二人分手，但陈某某仍长期纠缠柳某某寻求复合。2020年9月2日，因陈某某在浙江省平阳县××镇柳某某住处附近再次纠缠柳某某，经××镇人民调解委员会调解，陈某某承诺不再联系、干涉柳某某生活。但此后，陈某某仍多次通过手机联系、上门寻找等方式纠缠柳某某，并因联系柳某某未果及个人生活困顿等原因，心存报复之念。同年11月26日1时36分许，陈某某携带事先准备的水果刀来到××镇寻找柳某某，在发现柳某某后，持水果刀连续捅刺柳某某胸腹、背、腿等部位，直至刀身在柳某某腿内断裂。当日，柳某某经送医抢救无效，终因胸腔贯通致肺破裂及腹腔贯通伤导致肝脏破裂而急性大出血死亡；陈某某在××镇××路加油站附近电话投案，并留在现场等候民警到来。

案发后，被告人陈某某家属向被害人柳某某家属赔偿20900元。

被告人陈某某对指控的事实和定性均无异议，请求对其从轻处罚。

其辩护人提出，本案系因恋爱纠纷引发的犯罪，被害人嫌弃被告人没钱与其分手且在外诋毁被告人，在起因上存在过错；被告人具有自首情节，现真诚认罪、悔罪，家属已代为赔偿2万余元，请求对其从轻或减轻处罚。

法院依照《刑法》第232条、第67条第1款、第48条第1款、第57条第1款之规定，以故意杀人罪判处被告人陈某某死刑，缓期二年执行，剥夺政治权利终身。

【案件争点】

被告人因赌博负债后对被害人施暴，并在分手后杀害被害人，是否属于应予从重处罚之情形。

【裁判要旨】

　　法院认为，被告人陈某某的妹妹、弟弟的证言，手机电子数据检查笔录及被告人当庭自认共同证实被告人染上赌博恶习，手机电子数据检查笔录及报警记录、××镇调解委员会调解协议书及证人证言证实陈某某多次向被害人索要钱财或要求被害人借高利贷，并存在直接动手施暴、喝农药逼迫复合、纠缠滋扰等家庭暴力行为。法律保障公民婚恋自由，陈某某在分手后不断干扰柳某某生活，意图通过反复持续的骚扰逼迫柳某某复合，未果后便起意杀人，系分手暴力，存在过错；柳某某被迫躲避退让或寻求家人、公权力机关救济，并不具有过错。对辩护人关于本案系婚恋纠纷引发且被害人有过错的意见不予采纳。陈某某案发后能够主动向公安机关投案，并如实供述罪行，系自首，应予从轻处罚，对辩护人的相关辩护意见予以采纳。

二、裁判规则提要

（一）酗酒、吸毒、赌博不是导致家庭暴力的原因

　　酗酒成疯、嗜赌如命、吸毒成瘾的人，实施暴力系出于逼迫对方出钱或者借钱满足其酒瘾、赌瘾、毒瘾的需要，即通过暴力控制对方的意志达到为己所用的目的，属于本规则所讨论的家庭暴力施暴人。司法审判应起到引导作用，澄清酒精、赌博、吸毒、压力大、脾气差是导致家庭暴力的原因的误区。

　　以酒精为例，酗酒是饮酒者对酒精的生理性依赖，家庭暴力行为则是传统观念、习惯、社会默许、无代价获益等社会和个人的认知原因综合形成，二者并不属于同一范畴。需要明确的前提是，施暴人的酗酒行为都是故意的、自陷的，可以通过自行控制或者通过强制戒酒治疗的。醉酒者不会完全丧失辨认和控制能力，饮酒前和饮酒时行为人对自己的行为均是清楚的，他们能够预料到醉酒后可能会实施家庭暴力。换言之，家暴对方的故意在饮酒前就已形成，酒只是让家庭暴力发生的概率变大了。另外，男性在酒后对家人施暴的比例远远大于对家庭以外的人，多数醉酒状态的施暴人仍能够选择家人作为唯一的施暴对象，说明酒精只是施暴人为实施家庭暴力而刻意寻找的推脱借口，或者下意识合理化自己暴力行为的说辞。吸毒、赌博亦是如此。

（二）酗酒、吸毒、赌博往往会加重暴力的严重程度

如前所述，酗酒、吸毒或赌博都不是导致家庭暴力的原因，但若施暴人同时是一个瘾君子，其酗酒、吸毒或赌博恶习通常会加重暴力行为的严重程度，在绝大多数情况下，其下手的力度和手段的残忍度均会加大，给受暴人造成更严重的伤害后果，甚至可能迫使受暴人奋起反抗，出现"以暴制暴"的刑事案件。因为，通常情况下，施暴人对受暴人的施暴是基于控制的目的，目的是让受暴人处于自己的占有、管理或影响之下，服从自己的意愿和安排，而不是追求从根本上摧毁受暴人的存在。但毒瘾、嗜赌、酒依赖等恶习，一旦上瘾便很容易沉溺其中，为了要钱去赌博、购买酒或毒品，而受暴人不愿意给钱或家中已无钱可给，施暴人在毒瘾、赌瘾或酒瘾的驱使下，可能会实施极端残忍的暴力行为，这与其要钱的初衷会出现一定程度的相悖。因此，此类施暴人的既往家暴行为一般应先考虑认定为严重家暴行为。

行为人因醉酒、吸毒导致精神病的，仍应对其施暴行为负责。

（三）精神疾病不能否定暴力行为的控制目的

医学分析发现，施暴人多有吸毒、酗酒等基础疾患，其医学意义上的精神疾病可在离婚、亲人去世、失业、性别歧视等因素的刺激下诱发，[①] 即相当比例的施暴人身份早于精神病人身份存在。

精神病人责任能力的评定需要同时具备诊断的医学标准和控制、辨认能力的法律标准，即使被告人患有医学诊断意义的精神疾病，但在控制能力和辨认能力的司法认定上不符合要件标准，也需要承担部分或全部刑事责任。

《刑法》第18条第4款规定，醉酒的人犯罪，应当负刑事责任。因醉酒导致大脑皮质器质性损伤，一般评定为限定刑事责任能力，但自愿性醉酒属于原因自由行为的范畴，施暴人明知自己极易酒后失控施暴，仍将自身陷于醉酒后的行为失控或意识模糊情境中，应对施暴行为负责。

同理，吸毒人员在幻觉支配下实施犯罪，根据司法部《精神障碍者刑事责任能力评定指南》第5.2.5条的规定，属于自愿摄入毒品者，不宜作刑事责任能力评定。吸毒行为违法属于常识。行为人选择吸毒时具有完全刑事责任能力，该自行选择的吸毒行为使其陷入无责任能力或限制责任能力状态，并导致后续结果行为的发生，应负刑事责任。

---

① 杨林、杨德兰：《86例精神疾病患者家庭暴力行为分析》，载《重庆医学杂志》2006年第8期。

（四）存在醉酒、吸毒、赌博恶习的施暴人的犯罪行为可从重处罚

如本书规则 7 所述，有既往施暴行为的被告人因再次对被害人施暴导致严重后果构成犯罪时，可将既往家暴行为作为酌情从重处罚情节，本条规则所述被告人，不仅具有既往家暴史，且往往施暴后果更严重，更应予以从重。部分吸毒成瘾、嗜酒成性的施暴人，其理性思考和情绪控制能力减弱，并以酒精、毒品的摄入助长暴力行为，在实施犯罪时可能伴有幻觉，但由于该幻觉系其自愿选择的吸毒、酗酒行为所致，即使其经司法鉴定为限制刑事责任能力人，在司法评价时仍可根据案情不予从轻处罚。如前所述，不良嗜好并非产生家庭暴力的根本原因，而是导致家庭暴力的发生被"合理化"的借口。正因如此，《办理家暴案件意见》第 18 条规定，因酗酒、吸毒、赌博等恶习而长期或者多次实施家庭暴力的，属于酌情从重情节。

三、辅助信息

《刑法》

第十八条　精神病人在不能辨认或者不能控制自己行为的时候造成危害结果，经法定程序鉴定确认的，不负刑事责任，但是应当责令他的家属或者监护人严加看管和医疗；在必要的时候，由政府强制医疗。

间歇性的精神病人在精神正常的时候犯罪，应当负刑事责任。

尚未完全丧失辨认或者控制自己行为能力的精神病人犯罪的，应当负刑事责任，但是可以从轻或者减轻处罚。

醉酒的人犯罪，应当负刑事责任。

第四十八条　死刑只适用于罪行极其严重的犯罪分子。对于应当判处死刑的犯罪分子，如果不是必须立即执行的，可以判处死刑同时宣告缓期二年执行。

死刑除依法由最高人民法院判决的以外，都应当报请最高人民法院核准。死刑缓期执行的，可以由高级人民法院判决或者核准。

第五十七条　对于被判处死刑、无期徒刑的犯罪分子，应当剥夺政治权利终身。

第六十七条　犯罪以后自动投案，如实供述自己的罪行的，是自首。对于自首的犯罪分子，可以从轻或者减轻处罚。其中，犯罪较轻的，可以免除处罚。

第二百三十二条　故意杀人的，处死刑、无期徒刑或者十年以上有期徒刑；

情节较轻的，处三年以上十年以下有期徒刑。

第二百三十四条 故意伤害他人身体的，处三年以下有期徒刑、拘役或者管制。

犯前款罪，致人重伤的，处三年以上十年以下有期徒刑；致人死亡或者以特别残忍手段致人重伤造成严重残疾的，处十年以上有期徒刑、无期徒刑或者死刑。本法另有规定的，依照规定。

《办理家暴案件意见》

18.切实贯彻宽严相济刑事政策。对于实施家庭暴力构成犯罪的，应当根据罪刑法定、罪刑相适应原则，兼顾维护家庭稳定、尊重被害人意愿等因素综合考虑，宽严并用，区别对待。根据司法实践，对于实施家庭暴力手段残忍或者造成严重后果；出于恶意侵占财产等卑劣动机实施家庭暴力；因酗酒、吸毒、赌博等恶习而长期或者多次实施家庭暴力；曾因实施家庭暴力受到刑事处罚、行政处罚；或者具有其他恶劣情形的，可以酌情从重处罚。对于实施家庭暴力犯罪情节较轻，或者被告人真诚悔罪，获得被害人谅解，从轻处罚有利于被扶养人的，可以酌情从轻处罚；对于情节轻微不需要判处刑罚的，人民检察院可以不起诉，人民法院可以判处免予刑事处罚。

对于实施家庭暴力情节显著轻微危害不大不构成犯罪的，应当撤销案件、不起诉，或者宣告无罪。

人民法院、人民检察院、公安机关应当充分运用训诫，责令施暴人保证不再实施家庭暴力，或者向被害人赔礼道歉、赔偿损失等非刑罚处罚措施，加强对施暴人的教育与惩戒。

《精神障碍者刑事责任能力评定指南》

5.2.5 对毒品所致精神障碍者，如为非自愿摄入者按5.1条款评定其刑事责任能力；对自愿摄入者，如果精神症状影响其辨认或控制能力时，不宜评定其刑事责任能力，可进行医学诊断并说明其作案时精神状态。

涉家庭暴力刑事案件裁判规则第 9 条：

导致被害人轻伤以上后果的虐待行为，以重罪故意伤害罪处罚；同时有其他持续性、经常性的虐待行为，情节恶劣的，以故意伤害罪和虐待罪并罚

【规则描述】　　虐待实质上是家庭成员间强者对弱者经常性、持续性、反复性的故意伤害行为。造成被害人轻伤以上后果的虐待行为，系同一行为同时触犯虐待罪和故意伤害罪，以较重的故意伤害罪处罚；同时有其他持续性、经常性的虐待行为，情节恶劣的，系实施了两种犯罪行为，符合两个犯罪构成要件，应以故意伤害罪和虐待罪并罚。

一、可供参考的例案

例案一：邓某芳故意伤害案（施暴人犯罪）

【法院】
　　广东省广州市花都区人民法院
【案号】
　　一审：（2017）粤 0114 刑初 1819 号
【控辩双方】
　　公诉机关：广东省广州市花都区人民检察院
　　被告人：邓某芳
【基本案情】
　　2016 年 7 月，邓某甲将儿子被害人邓某乙带到广东省广州市花都区 ×× 街 ×× 村 × 房，由其与被告人邓某芳共同抚养。期间，邓某芳以邓某乙不听话、经常偷东

西等为由，每隔几天就用铁衣架、木棍、扫把棍殴打邓某乙。同年8月16日左右，邓某芳使用铁衣架、木棍、扫把棍殴打邓某乙。次日19时许，邓某乙经送医抢救无效死亡。经鉴定，邓某乙符合被钝物作用于全身多处致创伤性休克死亡。

公诉机关指控，被告人邓某芳以暴力故意伤害被害人邓某乙的身体致其死亡，其行为触犯了《刑法》第234条之规定，构成故意伤害罪。

被告人邓某芳及其辩护人提出，邓某芳的行为构成虐待罪，而不是故意伤害罪。

法院综合考量被告人邓某芳的犯罪手段及性质、社会危害程度、自动投案、无悔罪态度等情节，依照《刑法》第234条第1款之规定，以故意伤害罪判处被告人邓某芳有期徒刑十五年。

【案件争点】

虐待造成被害人轻伤以上后果，应定虐待罪还是故意伤害罪。

【裁判要旨】

法院认为，案发前被告人邓某芳经常用木棍、铁衣架殴打被害人邓某乙，其中2016年8月16日前一周更频繁，且当晚的殴打后果更严重，被打后邓某乙曾表示其尿尿的地方痛。虽然邓某芳实施家庭暴力呈现一定的经常性、持续性、反复性，但综合案发现场提取的断裂木棍、变形衣架等物证以及被告人邓某芳殴打邓某乙的身体部位包括下腹部、阴囊的情况，可以证实邓某芳在2016年8月16日左右对邓某乙殴打的暴力程度，足以认定邓某芳对邓某乙有伤害故意，被告人邓某芳实施了暴力殴打邓某乙的行为，且直接造成邓某乙的死亡结果，其行为应当以故意伤害罪定罪处罚。对被告人邓某芳的行为，应依法适用"处十年以上有期徒刑、无期徒刑或者死刑"的量刑幅度予以处罚。

例案二：孙某胜、王某洁故意伤害、虐待案（施暴人犯罪）

【法院】

一审：广东省肇庆市中级人民法院

二审：广东省高级人民法院

【案号】

一审：（2020）粤12刑初22号

二审：（2020）粤刑终1255号

【控辩双方】

原公诉机关：广东省肇庆市人民检察院

上诉人（原审被告人）：孙某胜、王某洁

【基本案情】

被告人孙某胜、王某洁与被害人（女，殁年5岁）系亲子关系。被害人于2014年2月26日出生后在广东省××市老家跟祖父母一起生活，2019年8月被接回肇庆与父母共同生活。2019年10月至2020年2月间，孙某胜、王某洁为发泄对被害人的不满，经常采取用水果刀割、用铁衣架打、用包装绳反绑被害人双手吊在衣柜上不让睡觉、不给吃饭等方式对被害人实施虐待，造成被害人身体消瘦、重度营养不良及多处损伤。2020年2月4日16时许，王某洁发现被害人尿湿裤子，将被害人一脚踢倒在地，并用衣架朝被害人后腰处打了两下。之后，王某洁要求被害人自己洗澡。由于被害人穿衣服慢，孙某胜又踢了被害人几脚，将被害人踢晕在地，经送医抢救无效死亡。医生对被害人死因存疑而报警，孙某胜、王某洁在医院被抓获归案。经法医学尸体检验鉴定，被害人系钝性暴力致颅脑损伤死亡，且身上多处符合陈旧性损伤的病理改变特征。

一审法院依照《刑法》第234条第2款，第260条第1款、第3款，第25条第1款，第26条第1款、第4款，第27条，第56条第1款，第67条第3款，第69条第1款、第3款，《刑事诉讼法司法解释》（2012年）第241条第1款第2项、第2款之规定，以故意伤害罪、虐待罪数罪并罚，分别判处被告人孙某胜有期徒刑十六年，剥夺政治权利五年；被告人王某洁有期徒刑十一年，剥夺政治权利三年。

孙某胜、王某洁上诉及其辩护人提出，二人对被害人确有虐待行为，但不构成故意伤害，案发当日的行为是对小孩的管教，不是故意伤害，且此次的行为与之前的虐待行为一脉相承，应认定为虐待罪一个罪名，原审数罪并罚不当。

二审法院经审理，作出裁定：驳回上诉，维持原判。

【案件争点】

对家庭成员长期实施虐待，虐待过程中又实施暴力殴打造成家庭成员伤亡后果的，以故意伤害罪和虐待罪数罪并罚是否适当。

【裁判要旨】

二审法院认为，被告人孙某胜的稳定供述和被告人王某洁在侦查阶段的供述共同证实，案发当天下午，王某洁因不满被害人将裤子尿湿，将被害人踢倒在地，随后晚饭时孙某胜又因不满被害人穿衣动作慢，用力地踢了被害人腹部数脚，再次将其踢晕倒地，被害人经送医抢救无效死亡。鉴定意见证实被害人系钝性暴力致颅脑损伤死亡，其中蛛网膜下腔出血、硬膜下大量出血为新近损伤，由此可见，被害人的死亡是由案发当天一系列踢打行为直接造成的，王某洁和孙某胜的行为是一个前后呼应、共同作用的整体，共同导致被害人死亡后果的发生，二人均构成故意伤害罪。孙某胜与王某洁在对被害人虐待的过程中，对被害人施以严重暴力致其死亡，该行为不能被二人以往的虐待行为吸收，而应以故意伤害罪和虐待罪并罚。公诉机关明确对王某洁在案发当日对被害人踢打的行为予以指控，且在一审庭审中法庭已就王某洁的行为是否构成故意伤害罪充分听取了控辩双方的意见，原审法院在认定事实与公诉机关指控的事实一致的情况下，按照审理认定的罪名作出有罪判决，并无不当。孙某胜、王某洁在抚养未成年女儿期间，长期、多次对被害人实施虐待行为，致其消瘦、重度营养不良及身体多处损伤，情节恶劣，二人的行为已构成虐待罪；二人还对被害人故意实施伤害行为，使被害人头部受钝性外力作用致颅脑损伤死亡，二人的行为又构成故意伤害罪，应予以数罪并罚。

例案三：张某光、王某惠故意伤害、虐待案（施暴人犯罪）

【法院】

一审：广东省深圳市中级人民法院

二审：广东省高级人民法院

【案号】

一审：（2020）粤03刑初582号

二审：（2020）粤刑终501号

【控辩双方】

原公诉机关：广东省深圳市人民检察院

上诉人（原审被告人）：张某光、王某惠

【基本案情】

2018年3月，被告人张某光租住在深圳市××区××街道×村×房，被告人王某惠离婚后带着女儿即被害人朱某（2016年12月1日出生）与张某光同居共同生活。由于朱某年幼爱哭，引起王某惠与张某光的不满，于是，二人经常用手殴打朱某，后来认为用手殴打效果差，二人又用衣架抽打朱某。张某光甚至用铁管戳朱某的胸部，用烟头烫朱某手指，王某惠不制止，不报警，任由张某光殴打朱某，造成朱某身上多处瘀青、胸部多处擦伤、多只手指皮肤缺损。2018年9月17日21时许，因朱某哭，张某光先用手殴打朱某，见其仍不停止，张某光就用力推搡朱某双肩，致其头部撞墙。张某光又将朱某推倒在纸箱上，朱某站起来后仍然哭泣，张某光用双手将朱某高高举起，将其重重地摔在地上。当朱某再次从地上站起来时，张某光再次将其举起，第二次将朱某摔在地上。此时，王某惠在房间内未出来制止张某光的殴打行为。不久，朱某出现昏迷状态。王某惠打120求助。120救护车出诊医生在120救护车内抢救朱某时，发现朱某身上有淤青，头部有肿块，怀疑朱某受到家暴虐待而报警。朱某经抢救，仍不能自主呼吸，全靠呼吸机和药物维持生命。王某惠坚决要求出院。2018年9月25日凌晨，王某惠约了救护车将朱某转运到惠州，朱某被王某惠抱离救护车后死亡。经鉴定：死者朱某胸部有多处擦伤，手指有多处类圆形皮肤缺损，左踝关节外侧及外前方有皮下出血。根据死者头面部多处挫伤，左右额部、左颞顶部大面积头皮下血肿，左颞骨、左顶骨骨折线，左额部、右额顶部、左枕部蛛网膜下腔出血，分析朱某系外伤性颅脑损伤死亡。

一审法院依照《刑法》第234条、第260条、第25条第1款、第26条、第27条、第69条、第64条之规定，以故意伤害罪、虐待罪数罪并罚，判处被告人张某光有期徒刑十四年；以虐待罪判处被告人王某惠有期徒刑一年六个月。

张某光上诉提出：（1）法医鉴定所说的被害人头上的伤分为三次形成，并非均系当晚造成，被害人曾经自己摔跤，很重地撞到额头，平时也经常摔倒，可能存在自行碰撞。现有证据不能证实被害人的伤都系其造成，也不能否定被害人可能是从纸箱上摔下来撞到墙角形成头部伤。（2）其对被害人有感情，平时也很照顾她的生活，出事后积极筹款，一心救治，并不想看到被害人死亡结果的发生。

张某光的辩护人提出：（1）张某光不构成故意伤害罪、虐待罪。第一，张某光主观上没有要伤害和虐待被害人的故意，张某光并不是毫无理由地打骂被害人，其打骂行为往往是在被害人哭闹不听话的情况下发生，其打骂被害人的行为与其教育认知水平是有关系的，认为通过打人的方式可令小孩停止哭泣。第二，从王某惠的供述可知，张某光并没有不喜欢和反感被害人，平时也给被害人买东西、洗澡，说明张某光没有伤害被害人的心理动机。第三，张某光在以自己所理解的教育方式对待被害人的过程中，被害人母亲没有反对，有时被害人母亲也采用打人的方式对待孩子啼哭。至于被害人被打身亡，既与张某光教育方式失手过重有关，也与王某惠转院放弃治疗有一定关系。(2)若认定张某光构成犯罪,也存在以下几方面的从轻、减轻处罚情节。第一,即使张某光构成犯罪,也是构成故意伤害罪,不构成虐待罪。本案被害人死亡是因最后一次伤害行为所致,无证据表明此前的虐待行为有致被害人重伤的严重后果,故根据"不告不理"原则,不能对张某光之前的虐待行为追究刑事责任。一审法院认定张某光犯虐待罪程序违法,无合法依据。第二,本案被害人的死亡结果与王某惠的行为有一定的因果关系。第三,张某光如实供述案件事实经过,具有坦白情节。

王某惠的辩护人提出:(1)王某惠在共同犯罪中起次要作用,且情节轻微,对其依法应当减轻或者免除处罚。没有证据证明王某惠残忍殴打过被害人。王某惠本人承认在女儿哭闹或不听话时,偶尔有打骂行为,但应属于母亲对小孩管理、教育的正常、合理范畴,没有证据证明王某惠对被害人实施过《刑法》第260条规定的虐待"情节恶劣"的行为。(2)王某惠如实供述犯罪事实,可以从轻处罚。综上,要求对王某惠免除处罚。

二审法院经审理,作出裁定:驳回上诉,维持原判。

【案件争点】

对家庭成员长期实施虐待,虐待过程中又实施暴力殴打造成家庭成员伤亡后果的,可否以故意伤害罪和虐待罪数罪并罚。

【裁判要旨】

二审法院认为:(1)张某光长期、多次使用衣架或钢管等工具殴打被害人并致被害人胸部、手指、腿部伤痕累累。王某惠作为被害人的亲生母亲,对张某光虐待被害人的行为未予阻止,客观上对张某光行为起到纵容和鼓励作用,且参与殴打被害人。二人虐待被害人情节恶劣,应予追究刑事责任。一审认定二人构成虐待罪并无不当。(2)张某光对其案发当晚推打、摔打被害人的过程有明确、具体的供述,亦有同案人王某惠的供述和证人证言、鉴定意见佐证。张某光作为心智健全、智力正常的成年人,对其殴打年仅一岁十个月的被害人可能导致其重伤、死亡的危害结果应当有明确的认知,而其仍连续实施推倒被害人、将被害人腾空拉起再摔下等行为,主观上伤害他人身体的故意明显,客观上导致被害人重伤、死亡的结果,应以故意伤害罪追究其刑事责任。被害人死亡的结果与张某光的殴打行为有直接的因果关系。一审认定张某光犯故意伤害罪并无不当。(3)根据《办理家暴案件意见》,被害人是无行为能力人、限制行为能力人,其法定代理人、近亲属没有告诉或者代为告诉的,人民检察院可以告诉。人民法院对于告诉或者代为告诉的,应当依法受理。故一审认定张某光犯虐待罪在程序上并不违反法律规定。(4)张某光系被抓获归案，无主动投案行为，庭审中又否认犯罪，不能认定其有坦白情节。综上，上诉人张某光故意伤害被害人朱某并致其死亡，其行为构成故意伤害罪。张某光、王某惠长期虐待共同生活的家庭成员被害人朱某，情节恶劣，其行为均已构成虐待罪。在虐待共同犯罪中，张某光起主要作用，是主犯，应按照参与的全部犯罪处罚；王某惠起次要作用，是从犯，予以从轻处罚。张某光犯数罪，依法应予数罪并罚。

二、裁判规则提要

（一）家庭成员间的虐待行为，本质上是一种持续性、经常性、反复性的故意伤害

《刑法》第260条只规定了虐待罪发生在家庭成员间，没有具体明确什么是虐待行为。《反家庭暴力法》将家庭成员之间以殴打、捆绑、残害、限制人身自由以及经常性谩骂、恐吓等方式实施的身体、精神等侵害行为，界定为家庭暴力。《办理家暴案件意见》第17条则对虐待行为作出了相应释明："采取殴打、冻饿、强迫过度劳动、限制人身自由、恐吓、侮辱、谩骂等手段，对家庭成员的身体和精神进行摧残、折磨，是实践中较为多发的虐待性质的家庭暴力。"根据以上规定，虐待性质的家庭暴力有单纯的精神折磨，比如限制人身自由、恐吓、侮辱、谩骂；也有对被害人肉体的摧残，比如殴打、冻饿、强迫过度劳动等。后者除了给被害人造成身体上的伤害，还必然同时导致被害人遭受长期的精神折磨，比如逐渐积累的无助、委屈、恐惧、绝望、愤怒等痛苦情绪和感受。

司法实践中发现，虐待行为多发于家庭成员中的成年人对老幼、健全者对病残者、男人对女人。不难看出，不管是老人、幼童，病残者还是女人，体力常常处于弱势，而强势的成年男性或为宣泄情绪，或为彰显地位，长期欺压、凌辱弱者。这种身体摧残、精神折磨实质上就是家庭成员间强者对弱者的故意伤害。例案一中被告人邓某芳使用铁衣架、木棍、扫把棍殴打邓某乙等虐待行为，系故意伤害被害人的身体，同时使被害人产生恐惧、无助和绝望等精神痛苦。对被害人来说，这是来自本应提供人身安全保护和关怀的监护人的双重伤害。因此，虐待与故意伤害不论在主观故意还是在客观行为上，并无本质区别。加之实践中，虐待行为往往表现出持续性、经常性、反复性的特点，虐待对于家庭弱势成员的危害往往远大于部分偶

发的故意伤害。两者间的不同仅在于故意伤害罪要求在行为上伤害他人身体而不包含精神折磨，在结果上要求造成轻伤以上的后果。

（二）家庭成员间的虐待行为造成被害人轻伤以上后果，系同时触犯虐待罪和故意伤害罪，按较重的故意伤害罪定罪处罚

虐待包含了殴打、冻饿等摧残家庭成员身体的行为，其本质上是故意伤害。《办理家暴案件意见》第16条规定，"对于同一行为同时触犯多个罪名的，依照处罚较重的规定定罪处罚。"该规定为用故意伤害等重罪对虐待行为进行定罪处罚提供了法律依据。

司法实践中，家庭成员之间的暴力行为造成被害人轻伤以上后果，甚至死亡后果的，公检法机关往往以单一虐待罪立案、起诉和定罪处罚。但这样"一刀切"的做法常常会忽略对虐待行为的本质，即故意伤害意图的认定，导致事实上出现对非家庭成员间的一次施暴行为适用故意伤害罪的处罚，而对家庭成员间反复发生的施暴行为适用处罚较轻的虐待罪的情况，导致对二者的量刑结果显失公平。

因此，对虐待行为的审查，首先应考虑重罪的适用，殴打造成被害人轻伤以上后果的，应适用故意伤害罪；殴打造成被害人轻微伤，或通过冻饿、限制人身自由、恐吓、侮辱、谩骂等长期虐待间接导致被害人身体患上疾病等难以用其他重罪予以评价的，才考虑适用虐待罪。唯其如此，才能实现量刑上的平衡。比如，在例案一中，被告人邓某芳采用殴打手段虐待被害人直接致其死亡，同一行为同时触犯虐待罪和故意伤害罪，应择重罪故意伤害罪处罚。虽然，案发前被告人邓某芳经常用木棍、扫把棍、铁衣架殴打被害人，属于虐待行为，但现有证据不足以证实已达到情节恶劣的程度，故法院不予数罪并罚。

（三）除暴力造成被害人轻伤以上后果的故意伤害行为外，有其他持续性、经常性的虐待行为，情节恶劣的，应以故意伤害罪和虐待罪数罪并罚

如上文所述，虐待行为具有持续性、经常性、反复性特征，其中一次虐待行为造成被害人轻伤以上后果，系同时触犯虐待罪和故意伤害罪，按较重的故意伤害罪定罪处罚。还有其他持续性、经常性的虐待行为未对被害人造成轻伤以上后果，虽无法以故意伤害罪论处，但在这种情况下，不仅要对其中的故意伤害行为进行刑法评价，同时也要审查其他虐待行为是否属情节恶劣及是否构罪。施暴人长期虐待的行为与其某一次实施的暴力伤害或杀害行为是两个相互独立的行为，若施暴人

分别实施的虐待行为和故意伤害或杀害行为均符合相应犯罪构成要件的，应予数罪并罚。

关于虐待罪入罪与认定标准。依照《刑法》规定，虐待罪以虐待行为"情节恶劣"为入罪要件，但因为情节恶劣的具体标准不够明确，导致司法实践中对虐待罪的立案、定罪存在一定困难。《办理家暴案件意见》第17条结合司法实践经验，对虐待行为情节恶劣的情形进行了细化，规定了以下四种情形可以认定为情节恶劣：第一，虐待持续时间较长、次数较多的。将虐待时间和次数明确提出作为入罪考量因素之一。虐待时间和次数是反映虐待严重程度的重要体现，对于长达半年的、经常性的虐待行为，显然应当认定为情节恶劣。第二，虐待手段残忍的。司法实践中将被害人吊起来毒打，或者是采取针扎、烟头烫、开水浇等残忍手段实施虐待的并不少见。这类虐待行为严重背离亲情伦理，往往造成极其恶劣的社会影响，应当依法惩处。第三，虐待造成被害人轻微伤或者患较严重疾病的。一些虐待行为造成了被害人轻微伤，因未达到轻伤程度，无法以故意伤害罪论处，也没有以虐待罪处罚。依照《人体损伤程度鉴定标准》，虐待即使是造成轻微伤程度的损害后果，如外伤后听力减退、眼球损伤影响视力、肋软骨骨折、外伤性先兆流产等，危害也并非不严重，具有犯罪化处理的必要。同时，考虑到虐待罪的法定刑比故意伤害罪要低，以轻微伤作为入罪标准，与故意伤害罪以轻伤作为入罪标准，两罪的危害后果与法定刑设置能够大致匹配，合理衔接。至于虐待造成被害人患较严重的疾病的规定，同样是基于从严处理该类虐待行为的需要。如长期逼迫被害人住在潮湿场所，造成被害人患严重风湿疾病、行走困难的。"较严重疾病"属于开放性用语，外延比较广泛，难以一一列举，具体认定时，一般可以从是否对被害人身体外观或器官功能造成较大影响、被害人所患疾病是否反复发作难以治愈、是否对被害人生命健康具有较大危险、被害人是否需要立即住院治疗等方面进行把握。第四，对未成年人、老年人、残疾人、孕妇、哺乳期妇女、重病患者实施较为严重的虐待行为的。认定较为严重的虐待行为，仍然需要从虐待的情节、手段、后果等方面综合判断，适当低于对其他家庭成员实施虐待构成犯罪的程度要求，这也是对未成年人等群体进行特殊保护原则的体现。[①]

在例案二中，二被告人在长达4个月的时间内，以打骂、罚站、挨饿等方式，

[①] 杨万明、薛淑兰、唐俊杰：《〈关于依法办理家庭暴力犯罪案件的意见〉的理解与适用》，载《人民司法》2015年第9期。

虐待亲生女儿，情节恶劣，二人的行为已构成虐待罪。而案发当天二被告人直接对被害人实施踢打行为致其死亡，其行为又构成故意伤害罪。因此，对孙某胜、王某洁应当以虐待罪和故意伤害罪数罪并罚。在例案三中，张某光长期、多次使用衣架或钢管等工具殴打被害人并致被害人胸部、手指、腿部伤痕累累；王某惠作为被害人的亲生母亲，对张某光虐待被害人的行为未予阻止，客观上对张某光的行为起到纵容和鼓励作用，且有参与殴打被害人，二人虽然作用有别，但均已构成虐待罪。张某光对年仅1岁10个月的被害人连续实施推倒、腾空拉起再摔下等行为，主观上伤害他人身体的故意明显，客观上导致被害人重伤、死亡的结果，还应以故意伤害罪追究其刑事责任。故对张某光应当数罪并罚。

三、辅助信息

《刑法》

第二十五条第一款 共同犯罪是指二人以上共同故意犯罪。

第二十六条 组织、领导犯罪集团进行犯罪活动的或者在共同犯罪中起主要作用的，是主犯。

三人以上为共同实施犯罪而组成的较为固定的犯罪组织，是犯罪集团。

对组织、领导犯罪集团的首要分子，按照集团所犯的全部罪行处罚。

对于第三款规定以外的主犯，应当按照其所参与的或者组织、指挥的全部犯罪处罚。

第二十七条 在共同犯罪中起次要或者辅助作用的，是从犯。

对于从犯，应当从轻、减轻处罚或者免除处罚。

第五十六条第一款 对于危害国家安全的犯罪分子应当附加剥夺政治权利；对于故意杀人、强奸、放火、爆炸、投毒、抢劫等严重破坏社会秩序的犯罪分子，可以附加剥夺政治权利。

第六十七条 犯罪以后自动投案，如实供述自己的罪行的，是自首。对于自首的犯罪分子，可以从轻或者减轻处罚。其中，犯罪较轻的，可以免除处罚。

被采取强制措施的犯罪嫌疑人、被告人和正在服刑的罪犯，如实供述司法机关还未掌握的本人其他罪行的，以自首论。

犯罪嫌疑人虽不具有前两款规定的自首情节，但是如实供述自己罪行的，可以从轻处罚；因其如实供述自己罪行，避免特别严重后果发生的，可以减轻处罚。

第六十九条　判决宣告以前一人犯数罪的，除判处死刑和无期徒刑的以外，应当在总和刑期以下、数刑中最高刑期以上，酌情决定执行的刑期，但是管制最高不能超过三年，拘役最高不能超过一年，有期徒刑总和刑期不满三十五年的，最高不能超过二十年，总和刑期在三十五年以上的，最高不能超过二十五年。

数罪中有判处有期徒刑和拘役的，执行有期徒刑。数罪中有判处有期徒刑和管制，或者拘役和管制的，有期徒刑、拘役执行完毕后，管制仍须执行。

数罪中有判处附加刑的，附加刑仍须执行，其中附加刑种类相同的，合并执行，种类不同的，分别执行。

第二百三十四条　故意伤害他人身体的，处三年以下有期徒刑、拘役或者管制。

犯前款罪，致人重伤的，处三年以上十年以下有期徒刑；致人死亡或者以特别残忍手段致人重伤造成严重残疾的，处十年以上有期徒刑、无期徒刑或者死刑。本法另有规定的，依照规定。

第二百六十条　虐待家庭成员，情节恶劣的，处二年以下有期徒刑、拘役或者管制。

犯前款罪，致使被害人重伤、死亡的，处二年以上七年以下有期徒刑。

第一款罪，告诉的才处理，但被害人没有能力告诉，或者因受到强制、威吓无法告诉的除外。

《民法典》

第一千零四十二条　禁止包办、买卖婚姻和其他干涉婚姻自由的行为。禁止借婚姻索取财物。

禁止重婚。禁止有配偶者与他人同居。

禁止家庭暴力。禁止家庭成员间的虐待和遗弃。

《反家庭暴力法》

第二条　本法所称家庭暴力，是指家庭成员之间以殴打、捆绑、残害、限制人身自由以及经常性谩骂、恐吓等方式实施的身体、精神等侵害行为。

《民法典婚姻家庭编司法解释（一）》

第一条 持续性、经常性的家庭暴力，可以认定为民法典第一千零四十二条、第一千零七十九条、第一千零九十一条所称的"虐待"。

《办理家暴案件意见》

16. 依法准确定罪处罚。对故意杀人、故意伤害、强奸、猥亵儿童、非法拘禁、侮辱、暴力干涉婚姻自由、虐待、遗弃等侵害公民人身权利的家庭暴力犯罪，应当根据犯罪的事实、犯罪的性质、情节和对社会的危害程度，严格依照刑法的有关规定判处。对于同一行为同时触犯多个罪名的，依照处罚较重的规定定罪处罚。

17. 依法惩处虐待犯罪。采取殴打、冻饿、强迫过度劳动、限制人身自由、恐吓、侮辱、谩骂等手段，对家庭成员的身体和精神进行摧残、折磨，是实践中较为多发的虐待性质的家庭暴力。根据司法实践，具有虐待持续时间较长、次数较多；虐待手段残忍；虐待造成被害人轻微伤或者患较严重疾病；对未成年人、老年人、残疾人、孕妇、哺乳期妇女、重病患者实施较为严重的虐待行为等情形，属于刑法第二百六十条第一款规定的虐待"情节恶劣"，应当依法以虐待罪定罪处罚。

准确区分虐待犯罪致人重伤、死亡与故意伤害、故意杀人犯罪致人重伤、死亡的界限，要根据被告人的主观故意、所实施的暴力手段与方式、是否立即或者直接造成被害人伤亡后果等进行综合判断。对于被告人主观上不具有侵害被害人健康或者剥夺被害人生命的故意，而是出于追求被害人肉体和精神上的痛苦，长期或者多次实施虐待行为，逐渐造成被害人身体损害，过失导致被害人重伤或者死亡的；或者因虐待致使被害人不堪忍受而自残、自杀，导致重伤或者死亡的，属于刑法第二百六十条第二款规定的虐待"致使被害人重伤、死亡"，应当以虐待罪定罪处罚。对于被告人虽然实施家庭暴力呈现出经常性、持续性、反复性的特点，但其主观上具有希望或者放任被害人重伤或者死亡的故意，持凶器实施暴力，暴力手段残忍，暴力程度较强，直接或者立即造成被害人重伤或者死亡的，应当以故意伤害罪或者故意杀人罪定罪处罚。

《治安管理处罚法》

第四十五条　有下列行为之一的,处五日以下拘留或者警告:

(一)虐待家庭成员,被虐待人要求处理的;

(二)遗弃没有独立生活能力的被扶养人的。

涉家庭暴力刑事案件裁判规则第10条：
在以暴制暴的故意杀人案件中，应以认定故意杀人"情节较轻"为原则，同时对被告人依法可以适用缓刑

【规则描述】 以暴制暴的故意杀人案件往往是被害人对被告人长期实施严重家庭暴力引发，被害人具有重大过错。被告人的杀人动机是为了反抗、摆脱家庭暴力，具有防卫因素，主观恶性较小。对这类案件中的被告人，一般应以认定故意杀人"情节较轻"为原则，同时对被告人依法可以适用缓刑。[①]

一、可供参考的例案

例案一：曾某英故意杀人案（受暴人犯罪）

【法院】
　　浙江省衢州市衢江区人民法院
【案号】
　　一审：（2010）衢刑初字第115号
【控辩双方】
　　公诉机关：浙江省衢州市衢江区人民检察院

[①] 司法实践中，法院审理以暴制暴的故意杀人案件一般都会从宽处罚，但在从宽情节的具体认定以及从宽幅度方面不尽统一，尤其在是否认定故意杀人"情节较轻"的问题上，由于故意杀人罪所造成的极其严重后果，以及缺乏明确的司法认定依据，使得法官在认定故意杀人"情节较轻"时都非常慎重。即使认定，同类性质案件的量刑结果也不尽一致。这一问题在2015年最高人民法院、最高人民检察院、公安部、司法部公布《办理家暴案件意见》出台后有所缓解，其中第20条明确了该类案件可以从宽处罚的原则，还进一步将故意杀人"情节较轻"的标准具体化。

被告人：曾某英

【基本案情】

被告人曾某英与高某文系夫妻关系，结婚已十多年，高某文经常无故打骂、虐待曾某英。2010年以来，高某文殴打曾某英更为频繁和严重。2010年5月10日晚，高某文又寻机对曾某英进行长时间打骂，次日凌晨5时许，曾某英因长期遭受高某文的殴打和虐待，心中怨恨，遂起杀死高某文之念。曾某英趁高某文睡觉之际，从家中楼梯处拿出一把铁榔头，手持铁榔头朝高某文头、面部等处猛击数下，后用衣服堵住其口鼻部，致高某文当场死亡。

案发后，被告人曾某英于2010年5月11日8时30分许到公安机关投案。

法院依照《刑法》第232条、第67条第1款、第72条第1款、第64条之规定，以故意杀人罪判处被告人曾某英有期徒刑三年，缓刑五年。

【案件争点】

被告人长期遭受被害人实施的家庭暴力，案发前再次遭受被害人打骂，后伺机杀人的，能否认定被告人故意杀人"情节较轻"，并同时适用缓刑。

【裁判要旨】

法院认为，本案系被告人曾某英不堪忍受其丈夫即被害人高某文的长期虐待和家庭暴力所引发，曾某英的犯罪行为应属情节较轻。案发后，曾某英主动到公安机关投案，如实供述自己的罪行，是自首，依法可从轻处罚。曾某英因长期受被害人虐待和家庭暴力而杀夫，受到民众的同情，社会危害性相对较小，曾某英具有自首情节，认罪态度较好，家中尚有未成年的女儿需其抚养，根据其犯罪情节和悔罪表现，对其适用缓刑不致再危害社会，可依法宣告缓刑。辩护人提出的相关辩护意见成立，法院予以采纳。

例案二：王某洁故意杀人案（受暴人犯罪）

【法院】

云南省楚雄彝族自治州中级人民法院

【案号】

一审：（2016）云23刑初15号

【控辩双方】

公诉机关：云南省楚雄彝族自治州人民检察院

被告人：王某洁

【基本案情】

被告人王某洁与被害人陈某浩系夫妻。在平日的婚姻家庭生活中，陈某浩经常暴力殴打、威胁王某洁，以及王某洁的父亲王某和母亲郭某梅，并曾因吸毒被公安机关强制戒毒，因打伤王某洁、用弹簧刀刺伤王某被公安机关行政处罚。王某洁多次通过请亲戚朋友帮忙劝解，向妇联、司法所等部门反映情况，向法院起诉离婚，报警等方式均无法制止陈某浩的暴力行为。2015年10月19日13时许，陈某浩在家中厨房里吃饭时，因向王某洁及其父母索要5万元与王某洁发生争吵。王某、郭某梅进行劝导后，陈某浩就将郭某梅撕扯至院子里并将郭某梅推倒在地，同时拿出随身携带的弹簧刀进行威胁，王某洁前往劝阻也被陈某浩打倒在地。王某洁遂趁陈某浩不备，从地上拿起一根木棒，站起身后打了陈某浩头部数棒，致陈某浩当场死亡。随后王某洁打电话报警并在现场等候，公安民警到达现场后将其抓获。经鉴定，陈某浩血液内乙醇含量为265.2mg/100ml，系重型开放性颅脑损伤死亡。案发后，陈某浩的近亲属表示自愿放弃民事赔偿，并出具了刑事谅解书。

法院依照《刑法》第232条、第67条第1款、第64条、第72条之规定，以故意杀人罪判处被告人王某洁有期徒刑三年，缓刑五年。

【案件争点】

被告人因本人及家人长期遭受被害人家庭暴力而不堪忍受，在被害人再次实施家庭暴力时杀害被害人的，能否认定被告人故意杀人"情节较轻"，并同时适用缓刑。

【裁判要旨】

法院认为，被害人陈某浩具有长期的吸毒史，在婚姻生活中为了达到控制王某洁和让王某洁服从的目的，对王某洁实施了长期的殴打、辱骂、威胁和控制，王某洁通过请亲戚朋友帮忙劝解，向妇联、司法所反映情况要求调解，向法院起诉离婚，报警等方式均无法有效地制止、摆脱陈某浩的家庭暴力，反而导致陈某浩的暴力行为越来越严重，甚至将暴力对象扩大到了王某洁的父母，多次出现严重危及王某洁及其家人生命安全的暴力行为。王某洁属于受暴妇女，并受到了严重的家庭暴力。王某洁在陈某浩实施家庭暴力时由于身体素质差异和心理上的恐惧缺乏反抗能力，最终在案发当日，因为陈某浩醉酒后又对其辱骂、殴打，并在打骂中威胁其家人的人身安全，在激愤、恐惧的状态下为了摆脱家庭暴力、消除其所受到的威胁，用木棒将陈某浩打死，其行为具有防卫因素，陈某浩在案件起因上具有明显过错，可对王某洁酌情从宽处罚。王某洁发现陈某浩被自己打死后即向公安机关投案,并在作案现场等候民警,归案后如实供述全部罪行,系自首,审理过程中自愿认罪、悔罪。纵观王某洁作案的动机、手段、过程及结果,其犯罪行为始终是针对实施家庭暴力的陈某浩,其主观恶性不大,对其他人也不具有人身危险性,其犯罪所造成的社会危害也有别于其他故意杀人犯罪所造成的社会危害。同时,被害人陈某浩的亲属在案发后自愿放弃附带民事赔偿,主动出具了谅解书,要求对王某洁从轻或减轻处罚。综合考虑王某洁的主观恶性、犯罪动机、手段、悔罪表现,以及其所造成的社会危害,可以认定王某洁属于《刑法》第 232 条规定的故意杀人"情节较轻",处三年以上十年以下有期徒刑。此外,王某洁的村邻一百余人主动请愿,希望对王某洁从轻或减轻处罚,足以证实对王某洁适用缓刑对所居住社区无重大不良影响。

例案三:陈某英故意杀人案(受暴人犯罪)

【法院】

云南省澜沧拉祜族自治县人民法院

【案号】

一审:(2021)云 0828 刑初 599 号

【控辩双方】

公诉机关:云南省澜沧拉祜族自治县人民检察院

被告人:陈某英

【基本案情】

被害人潘某义多次对其妻子即被告人陈某英进行辱骂和殴打,实施家暴。2021 年 4 月 3 日 22 时许,潘某义酒后以陈某英随意向他人借钱为由,再次对陈某英进行辱骂和殴打,潘某义的父母劝说未果后带着潘某义和陈某英的三个小孩躲到外面。潘某义继续对陈某英进行辱骂和殴打,将陈某英的面部打伤,并把陈某英打到尿裤子,后潘某义在继续追打时踩到陈某英的尿液滑倒趴在地上。陈某英因担心潘某义再起来会殴打自己,趁机上前坐在潘某义的背上用手勒住潘某义的脖子 30 余分钟,陈某英感觉到潘某义没有呼吸后打电话报警。因担心潘某义装死,陈某英又用围巾勒潘某义的脖子 20 余分钟,直到村干部来到后才放手。经鉴定,陈某英全身多部位损伤评定为轻微伤;潘某义系被他人勒颈致机械性窒息死亡。潘某义的亲属对陈某英出具了谅解书。

法院依照《刑法》第232条、第67条第1款、第72条第1款、第73条第2款和第3款及《刑事诉讼法》第15条、第201条之规定,以故意杀人罪判处被告人陈某英有期徒刑三年,缓刑五年。

【案件争点】

被告人多次遭受施暴人实施的家庭暴力,在再次遭受家暴时杀害施暴人,又因担心施暴人不死而再次实施勒脖等杀害行为的,对被告人能否认定为故意杀人情节较轻,并同时适用缓刑。

【裁判要旨】

法院认为,被告人陈某英无视国家法律,故意非法剥夺他人生命,其行为已构成故意杀人罪,应予依法惩处,公诉机关的指控成立。被告人陈某英自动投案并如实供述自己的罪行,是自首,依法可以从轻或者减轻处罚。被告人陈某英自愿如实供述自己的罪行,承认指控的犯罪事实,愿意接受处罚,可以依法从宽处理。被告人陈某英的行为系因不堪忍受被害人潘某义的长期家庭暴力而引发,犯罪情节不是特别恶劣,手段不是特别残忍,应属情节较轻。被告人陈某英在激愤、恐惧的状态下为了防止再次遭受家庭暴力,而故意杀害被害人,其行为具有防卫因素,施暴人在案件起因上具有明显过错,可以酌情从宽处罚。被告人陈某英取得了被害人亲属的谅解,可以酌情对被告人从轻处罚。根据本案的犯罪事实、性质、情节和对社会的危害程度,决定对被告人陈某英从轻处罚。

二、裁判规则提要

(一)以暴制暴的故意杀人案件往往是由被害人对被告人长期实施严重家庭暴力所引发,被害人具有重大过错

家庭暴力发生在家庭成员及其他共同生活的成员之间,但其不同于发生在具有平等主体地位的家庭成员之间的"家庭纠纷",其系施暴人为了满足自身强烈的控制欲望而对受暴人实施的暴力侵害行为,该行为违反法律、法规,违背公序良俗,无论在道义上或法律上均具有可归责性。家庭暴力也不同于出于泄愤、报复、逞强斗狠等目的的暴力侵害,它往往不是一次性的,施暴人为了达到控制另一方的目的,长期、反复并具有周期性地实施暴力,导致受暴人的身体受到多次伤害,心理时时刻刻处于巨大的恐惧之中,诱发受暴人在无法忍受进而反抗或者摆脱家庭暴力时采取杀人的极端手段以暴制暴。如例案二王某洁故意杀人案中,被害人对王某洁实施

长期家庭暴力,王某洁穷尽救济手段均未能有效制止、摆脱被害人的家庭暴力,被害人的暴力行为反而越来越严重,甚至将施暴对象扩大到了王某洁的父母身上,多次出现严重危及王某洁及其家人生命安全的暴力行为,王某洁最终不堪忍受而用木棒将被害人打死,法院认定被害人在案件起因上具有明显过错。

(二)被告人的杀人动机是为了反抗、摆脱家庭暴力,具有防卫因素,主观恶性较小

家庭暴力受暴人针对施暴人的行为进行反抗,与一般情况下的故意杀人的方式有着重大区别。很常见的情况是,大多数有长期遭受家庭暴力经历的被告人,因体能弱势或者精神被长期控制,没有能力反抗正在进行的施暴行为,他们只能趁施暴人已停止施暴或趁其不备之机进行反伤或反杀。依照我国传统的正当防卫理论,这些行为很难认定为正当防卫或防卫过当。考虑到此类被告人的作案动机是为了摆脱必然会再次出现的施暴行为,且其杀人行为仅针对施暴人,在杀死施暴人后再次犯罪的可能性甚微,因而应当认定被告人实施杀人行为在案发原因上具有防卫因素,主观恶性较小。①

(三)对以暴制暴案件中的被告人,一般应以认定故意杀人"情节较轻"为原则

《办理家暴案件意见》第20条规定,对于为了反抗、摆脱长期严重家庭暴力而杀害施暴人的被告人,在"犯罪情节不是特别恶劣""手段不是特别残忍"的情况下,可以认定故意杀人"情节较轻"。据此,在一般情况下,对以暴制暴故意杀人案件中的被告人,应以认定"情节较轻"为原则,在案件确实存在上述"两个特别"的情况下,才考虑不予认定。但由于此类案件的特殊性,对"两个特别"应审慎认定:被告人长期生活在家庭暴力制造的恐惧之下,其心理和行为模式往往较为特殊,一旦产生杀死施暴人的犯意,因体能、心理等方面处于弱势,为防止施暴人在未被杀死的情况下报复自己,置自己于死地,往往会使用一种或多种杀伤性工具,坚决地或多次地加害于施暴人的致命部位,甚至在结束杀人后藏尸或抛尸,对此不宜一

---

① 这一量刑上的政策考量,在相关规范性文件中已经有所体现。如《最高人民法院关于审理故意杀人、故意伤害案件正确适用死刑问题的指导意见》指出:"虽不构成防卫过当,但带有防卫性质的故意杀人,即使造成了被害人死亡的结果,也不判处被告人死刑。"《最高人民法院关于贯彻宽严相济刑事政策的若干意见》指出:"因被害方过错或者基于义愤引发的或者具有防卫因素的突发性犯罪,应酌情从宽处罚。"

概认定为"犯罪情节特别恶劣"或"手段特别残忍"。如在例案三陈某英故意杀人案中，陈某英用手勒住潘某义的脖子 30 余分钟后，因担心被害人装死而又用围巾勒被害人的脖子 20 余分钟，直到村干部来到后才放手。因陈某英在被害人死后再次勒脖子的行为并非出于加重被害人痛苦或侮辱尸体等目的，故法院认定其犯罪情节不是特别恶劣，手段不是特别残忍，应属故意杀人"情节较轻"。

（四）对于故意杀人情节较轻的，依法可以适用缓刑

一方面，被告人的人身危险性、社会危害性及再犯罪可能性较小，有悔罪表现，对所居住的社区也没有不良影响。被告人故意杀人的原因是无法忍受被害人长期以来的家庭暴力，出于长期的积怨和对未来可能再次遭受虐待与暴力的恐惧，主观恶性较主动实施的杀人行为相比要小得多。被告人犯罪的指向是唯一的。一旦施暴人不存在，被告人便没有再犯罪的需要，对其他人和社会也就很难再构成威胁，且在作案后往往选择投案自首、认罪认罚，有悔罪表现。案发后被告人周围的亲友、邻居，甚至被害人的家属都同情被告人，还会向司法机关请求从轻处理，说明其对所在社区没有产生不良影响。

另一方面，判处缓刑比判处实刑的效果更好。首先，如例案二王某洁故意杀人案中，王某洁穷尽所有合法手段，仍未能摆脱施暴人的家庭暴力。施暴人变本加厉，最终王某洁迫于无奈而采取杀人手段结束自己和家人遭受的家庭暴力。在此种现实困境下，对以暴制暴的故意杀人行为认定为情节较轻，并同时依法适用缓刑，有助于使潜在的或未曾受相关处罚的施暴人理智地权衡自己行为后果的利弊，并在此基础上有所忌惮和收敛，起到良好的社会导向作用。其次，在此类案件中，被害人生前通常是家庭的主要经济来源，其死亡直接导致家庭失去了经济支柱。被告人的未成年子女作为遭受家庭暴力或目睹家庭暴力的受害者，正处于身心脆弱的时期。对被告人适用缓刑，让其能够在社会上营生谋利，维持家庭生活的正常运转，不仅有利于被告人自身真正的恢复改造，更有助于让其未成年子女有机会成长在安全、稳定的监管、教育和生活照料下，预防其未成年子女因生活所迫和家庭教育缺失而走上违法犯罪的道路。

三、辅助信息

《刑法》

第七十二条第一款 对于判处拘役、三年以下有期徒刑的犯罪分子，同时符合下列条件的，可以宣告缓刑，对其中不满十八周岁的人、怀孕的妇女和已满七十五周岁的人，应当宣告缓刑：

（一）犯罪情节较轻；

（二）有悔罪表现；

（三）没有再犯罪的危险；

（四）宣告缓刑对所居住社区没有重大不良影响。

第二百三十二条 故意杀人的，处死刑、无期徒刑或者十年以上有期徒刑；情节较轻的，处三年以上十年以下有期徒刑。

《办理家暴案件意见》

20.对于长期遭受家庭暴力后，在激愤、恐惧状态下为了防止再次遭受家庭暴力，或者为了摆脱家庭暴力而故意杀害、伤害施暴人，被告人的行为具有防卫因素，施暴人在案件起因上具有明显过错或者直接责任的，可以酌情从宽处罚。对于因遭受严重家庭暴力，身体、精神受到重大损害而故意杀害施暴人；或者因不堪忍受长期家庭暴力而故意杀害施暴人，犯罪情节不是特别恶劣，手段不是特别残忍的，可以认定为刑法第二百三十二条规定的故意杀人"情节较轻"。在服刑期间确有悔改表现的，可以根据其家庭情况，依法放宽减刑的幅度，缩短减刑的起始时间与间隔时间；符合假释条件的，应当假释。被杀害施暴人的近亲属表示谅解的，在量刑、减刑、假释时应当予以充分考虑。

《宽严相济意见》

14.宽严相济刑事政策中的从"宽"，主要是指对于情节较轻、社会危害性较小的犯罪，或者罪行虽然严重，但具有法定、酌定从宽处罚情节，以及主观恶性相对较小、人身危险性不大的被告人，可以依法从轻、减轻或者免除处罚；对于具有一定社会危害性，但情节显著轻微危害不大的行为，不作为犯罪处理；对于依法可不监禁的，尽量适用缓刑或者判处管制、单处罚金等非监禁刑。

16. 对于所犯罪行不重、主观恶性不深、人身危险性较小、有悔改表现、不致再危害社会的犯罪分子，要依法从宽处理。对于其中具备条件的，应当依法适用缓刑或者管制、单处罚金等非监禁刑。同时配合做好社区矫正，加强教育、感化、帮教、挽救工作。

涉家庭暴力刑事案件裁判规则第 11 条：

故意杀人案被告人同时具备"以暴制暴"和毁坏尸体情节的，仍应认定故意杀人"情节较轻"，并在有期徒刑三年至十年范围内考虑分尸等情节对量刑的影响

【规则描述】 "以暴制暴"故意杀人案件中被告人的量刑轻重与被害人的过错程度成反比，应以认定故意杀人"情节较轻"为原则。毁坏尸体行为不属于故意杀人罪主观恶性和行为手段范畴，不阻却故意杀人"情节较轻"的认定。同时具备"以暴制暴"和故意毁坏尸体情节的故意杀人案件，仍应首先考虑"以暴制暴"属于故意杀人罪中情节较轻之情形，在有期徒刑三年至十年间确定基准刑，再考虑分尸等情节对量刑的影响。

一、可供参考的例案

例案一：金某春故意杀人案（受暴人犯罪）

【法院】
　　四川省广安市中级人民法院
【案号】
　　一审：（2016）川 16 刑初 7 号
【控辩双方】
　　公诉机关：四川省广安市人民检察院
　　被告人：金某春

【基本案情】

被告人金某春与被害人李某平于1989年结婚，婚后生育两女。2004年两人协议离婚，协议将共建房产归金某春和女儿所有。离婚后，二人仍一起居住生活。李某平性情暴躁，常常稍有不顺或者不合意便殴打金某春，并且不分场合，采取拳打脚踢、掐脖子，用碗、凳子砸等方式对金某春施加暴力。金某春感觉无论怎样也感化不了李某平，便产生了杀害李某平的念头。2015年6月20日左右，二人因安置房处置问题矛盾激化，李某平扬言回家要砍死金某春及其女儿，金某春遂着手筹划杀害李某平。同年6月底，金某春购买"灭蚊灭蝇王"毒药，并通过活鸡试验了毒性，并购买了一把红色塑料袋备用。7月2日下午，李某平回家因不满意金某春定制的窗帘要求退货，并扬言如老板不退就要砸店。金某春感觉恐慌，决定当天晚上把李某平杀掉。晚上李某平情绪很平和，没有动手打人，也没有追问白天的事情，金某春就不忍心下手。7月3日是金某春的孙女满周岁的日子，二人为安置房装修的事情，再次发生争吵，李某平踢了金某春两脚。金某春回到四川省华蓥市红星西路租住房给李某平煮好饭后，打电话叫李某平到租住房吃饭，李某平叫金某春将饭菜和酒送到安置房，并且语气很凶。金某春想起李某平之前和最近的种种表现，并且孙女的生日也无法前往看望，心里很难受，便将先前准备的"灭蚊灭蝇王"毒药投入给李某平要喝的酒中，后把酒和饭菜送到安置房，李某平饮酒后毒性发作。金某春打电话叫来了女儿李某乙和路过此处的李某丙将李某平先后送医救治，但均隐瞒了李某平的病情，后因医院无法诊断李某平的病情并要求李某平转院，金某春就提出并将李某平带回安置房。随后，金某春借得刀、背篼等作案工具。7月4日6时许，李某平死在安置房内卧室床上。李某平死亡后，金某春将李某平尸体拖入该房的厕所内，用借来的刀将李某平的尸体肢解。4日9时至21时间，金某春将肢解的尸块分别抛于多地。之后，金某春因亲情感召而在自首途中被抓。经鉴定，李某平系毒鼠强中毒死亡，死后被分尸。

法院依照《刑法》第232条之规定，以故意杀人罪判处被告人金某春有期徒刑十年，剥夺政治权利一年。

【案件争点】

预谋杀人与分尸抛尸行为是否必然属于"情节特别恶劣"，上述情节对于量刑影响作用有多大。

【裁判要旨】

法院认为，在案证据与被告人金某春的供述在较多细节上能相互印证，足以认定李某平脾气暴躁,对金某春实施了身体上的殴打、精神上的威胁和恐吓,系严重的家庭暴力。金某春多年以来,一直忍受被害人李某平的暴力殴打,此次为将安置房留给两个女儿,不被李某平卖掉,彻底摆脱李某平的控制而产生杀人动机,用毒鼠强将李某平毒死后分尸丢弃于野外的行为,构成故意杀人罪。案发前,金某春于2014年春节帮助李某平偿还债务后还遭李某平的暴力殴打而产生杀害李某平的念头,2015年6月因李某平要将安置房卖掉不留给女儿,与金某春及女儿李某乙发生矛盾并扬言要打金某春母女,金某春遂决定杀死李某平,并开始实施相关准备,购买了毒药,并通过活鸡试验其毒性,购买红色塑料袋等备用。由此可见,金某春系预谋杀人。金某春实施有预谋的杀人行为,且在毒死李某平后为泄愤和隐瞒真相而分尸,手段恶劣。但李某平对金某春实施长期的家庭暴力,对金某春的身心健康造成了严重伤害,李某平在案件的起因上具有明显过错。

例案二:胡某梅故意杀人案(受暴人犯罪)

【法院】

云南省楚雄彝族自治州中级人民法院

【案号】

一审:(2015)楚中刑初字第114号

【控辩双方】

公诉机关:云南省楚雄彝族自治州人民检察院

被告人:胡某梅

【基本案情】

被告人胡某梅系被害人张某甲之妻,二人于2007年6月23日登记结婚(婚前于2006年4月生下女儿张某乙)。胡某梅因为腰伤没有工作,在家里照看女儿,经济上依靠张某甲打工收入,张某甲经常因琐事不如意酒后辱骂殴打胡某梅,还要求胡某梅以其不愿意的方式发生性行为,胡某梅多次请自己的亲戚到家中劝解,通过报警、到县妇联反映等形式求助,警察曾不得已将被赶出家的胡某梅母女安排去住旅社,胡某梅也曾因被打带着女儿回娘家又被张某甲找回,始终不能摆脱丈夫张某甲酒后经常性的辱骂殴打,张某甲也不同意离婚。同时胡某梅也因为腰伤,顾忌假如离婚,张某甲不支付生活费,其将无所依靠。2015年4月12日1时30分许,张某甲酒醉回到出租房,对已经带着女儿睡下的胡某梅进行辱骂后在沙发上睡着。胡某梅见张某甲酒后熟睡，产生了杀死张某甲的想法，随即从家中找到一个大秤砣、一把钉锤、一把活动扳手、一把弹簧刀，先后用秤砣、钉锤、扳手多次击打张某甲头面部，用弹簧刀捅刺张某甲后脑部，致其重型开放性颅脑损伤死亡。在发现张某甲已经死亡后，胡某梅继续用张某甲的弹簧刀捅刺张某甲胸腹部40余刀，并割下生殖器。同日3时14分，胡某梅打电话报警后留在作案现场被赶到的民警抓获，胡某梅交代了杀害其丈夫张某甲的事实。

法院依照《刑法》第232条、第67条第1款、第64条、第36条之规定，以故意杀人罪判处被告人胡某梅有期徒刑八年。

【案件争点】

在被害人死后仍使用弹簧刀刺被害人胸腹部40余刀并割下生殖器的行为，是否属于"手段特别残忍"，上述情节对于量刑影响有多大。

【裁判要旨】

法院认为，被害人张某甲在婚姻生活中为了达到控制被告人、让被告人服从的目的，对胡某梅实施了长期的殴打辱骂威胁和经济控制，并经常要求胡某梅以其不愿意的方式发生性行为，胡某梅通过请亲戚劝解、报警、回娘家、向妇联反映等方式均无法有效制止张某甲的家庭暴力，要求离婚张某甲又不同意，张某甲的暴力越来越严重，甚至多次出现了掐脖子这样严重危及其生命安全的暴力行为，胡某梅属于受暴妇女。胡某梅在张某甲实施各种家庭暴力时由于体力差异和心理上的恐惧缺乏反抗能力，最终在案发当晚因为张某甲又对其辱骂，并在辱骂中威胁其家人的安全，在激愤、恐惧状态下为了摆脱家庭暴力、消除所受到的威胁，趁张某甲酒醉后熟睡之机，先后在租住房里找来秤砣、钉锤、扳手、弹簧刀等四种作案工具实施杀害张某甲的行为。在其女儿请求其停止杀人行为时，胡某梅表示不杀死张某甲还会被张某甲折磨，又继续杀死张某甲，其行为具有防卫因素，被害人在案件起因上具有明显过错，可对被告人酌情从宽处罚。胡某梅在作案过程中发现张某甲已经死亡，出于泄愤、恐惧心理仍然用跳刀对被害人尸体胸腹部捅刺40刀，并将被害人生殖器割下，但纵观其作案的动机、手段、过程、结果，其犯罪行为始终只针对实施家庭暴力者本人，在作案后即向公安机关投案，并在作案现场等候公安民警，归案后如实供述犯罪事实，系自首，具有认罪、悔罪情节，对他人不再有危害性，其犯罪的社会危害性有别于其他故意杀人犯罪，可从轻或者减轻处罚。

二、裁判规则提要

（一）原家庭暴力受害人"以暴制暴"故意杀人属于情节较轻的犯罪[①]

我国刑法在故意杀人罪的量刑问题上采取了与一般犯罪先规定成立犯罪的刑罚选择，后规定情节严重或后果严重的刑罚选择相反之特殊表述，说明了故意杀人犯罪中应首先考虑死刑、无期徒刑或十年以上有期徒刑，只有对于情节较轻的故意杀人罪，才考虑选择三年以上十年以下有期徒刑。原家庭暴力受害人"以暴制暴"故意杀人，就属于这类情节较轻的犯罪。

在这类案件中，被害人具有重大过错，其既往施暴行为是引起被告人杀人行为的主要或者唯一诱因。因此，"以暴制暴"被告人在动机上具有防卫因素，暴力犯罪指向的对象是特定的和唯一的。对除被害人以外的第三人不产生威胁，更没有任何破坏国家其他法益与社会法益的意图。犯罪后，绝大多数被告人会选择自首或者归案后主动坦白、在庭审现场当庭认罪忏悔。因此，"以暴制暴"杀人犯罪中被告人的主观恶性明显低于其他犯罪中的被告人的主观恶性，属于故意杀人"情节较轻"的犯罪。

（二）故意毁坏尸体的行为是对尸体的处置，不属于杀人手段

在少数"以暴制暴"故意杀人案件中，被告人杀死被害人后，可能对尸体进行处置。这种处置既包括对整具尸体的毁坏，也包括对尸体一部分的损坏，例案一中金某春的分尸、抛尸行为，例案二中胡某梅的连续捅刺40余刀并切割被害人生殖器的行为，均属于这种处置。

司法实践中，时有不区分杀人和毁尸行为的情形，而是直接将被告人杀人后的毁尸行为，认定为杀人手段极其残忍，导致量刑过重。

杀人罪行体现为对人生命权的剥夺，针对人的生命权，在认定手段残忍时，具体可从打击工具、次数、方式、部位，以及被害人是否经受了附加的超出杀人本身的精神和肉体痛苦等情节进行判断。[②] 毁尸行为，系被告人在杀死被害人后对尸体进行的处置，虽然在我国通常被视为对死者的亵渎，但它不是针对活着的被害人，而

[①] 本规则与规则10具有逻辑关联性，规则10侧重"以暴制暴"故意杀人案件应定性为"情节较轻"，本规则侧重在此基础上的量刑分析，故第一部分论述从简，以规则10为主。

[②] 陈兴良：《故意杀人罪的手段残忍及其死刑裁量——以刑事指导案例为对象的研究》，载《法学研究》2013年第4期。

是针对已经死去的被害人，因此不会再给被害人造成任何肉体上和精神上的痛苦，[①]如例案一中被告人的分尸行为，例案二中被告人连续捅刺尸体、割掉尸体生殖器的行为，都不是为了让被害人在痛苦和恐惧折磨中慢慢死去。前者是为了掩盖罪迹，后者是被长期压抑着的屈辱、恐惧和愤怒所淹没而不能自控。她们杀人后对尸体的处置行为，不应被认定为杀人手段，更不应被认定为特别残忍的杀人手段。

（三）同时具备"以暴制暴"和"分尸、毁尸"情节的，应先考虑认定"以暴制暴杀人"属于故意杀人罪中"情节较轻"情形，再考虑毁尸行为对量刑的影响[②]

首先，"以暴制暴"杀人是对人的生命权的剥夺，而毁坏尸体是对尸体的处分。二者反映出的犯罪人的主观恶性程度不一样。长期以来，我国刑法理论界和司法解释中，以及刑事政策里，均未将毁坏尸体行为作为情节较轻认定的阻却条件，更未将毁坏尸体行为作为罪行极其严重的死刑适用条件。事实上，用一个反映被告人主观恶性较小的毁坏尸体行为，来升级替代反映被告人主观恶性较大的杀人行为的量刑情节，逻辑上也是无法自洽的。因此，毁尸情节不能否定"以暴制暴"中被害人过错所导致的"情节较轻"的认定。

其次，情节较轻是故意杀人罪的量刑选择，而非盗窃、侮辱、故意毁坏尸体、尸骨、骨灰罪的量刑情节。"以暴制暴"所体现的被害人重大过错，是引起犯罪产生的重要原因。从一定程度上说，"以暴制暴"所体现的被害人过错不仅对故意杀人行为的产生起着决定作用，也对故意杀人罪的成立起着决定作用，而尸体处置行为则对杀人行为的产生和犯罪的成立没有任何作用。毁尸情节从来不是故意杀人罪行的决定性量刑因素，而只是作为"以暴制暴"的事后行为来考虑。如果用处置尸体的行为来否定故意杀人"情节较轻"的认定，实际上是用非决定性因素否定决定性因素，显然是本末倒置的。

最后，被害人的过错程度应与"以暴制暴"被告人的量刑轻重构成反比关系。被害人之前的施暴行为时间越长、手段越残忍、对受暴人造成身心伤害的后果越严重，则对"以暴制暴"被告人的量刑就应当越轻，以体现实质公平。当被害人的既往施暴行为对被害人的心理和行为模式产生本质影响时[③]，毁坏尸体的行为可不作为酌情从重

[①] 一般来说，毁尸行为会造成被害人家庭的精神痛苦，但在以暴制暴案件中，相当一部分被害人亲属对被告人的行为表示理解，并请求法院从轻判决。

[②] 第（三）部分的内容主要引用了北京市海淀区人民法院（2002）海法刑初字第2775号判决书说理部分的论述。

[③] 详见本书第2条规则关于邀请有家庭暴力问题专家证人出庭作证的内容。

处罚情节。即使人民法院综合考虑后认为全案不宜认定为故意杀人"情节较轻",仍可根据被害人的过错程度、被告人是否具有防卫因素以及是否构成自首等情形,在有期徒刑三年至十年间量刑。如例案一和例案二均因判决较早,未直接认定被告人犯罪情节较轻,但其裁判思路均符合本规则的量刑标准。例案一的被告人具有预谋杀人与分尸情节,被判处有期徒刑十年;例案二的被告人被认定具有防卫因素且投案悔罪态度好,被判处有期徒刑八年。

综上,同时具备"以暴制暴"和故意毁坏尸体情节的故意杀人案件,应当以在有期徒刑三年至十年间确定基准刑为原则,在此基础上再根据被告人是否预谋杀人、是否具有防卫因素、是否有分尸毁尸行为等酌定量刑因素来综合量刑。

三、辅助信息

《刑法》

第二百三十二条 故意杀人的,处死刑、无期徒刑或者十年以上有期徒刑;情节较轻的,处三年以上十年以下有期徒刑。

第三百零二条 盗窃、侮辱、故意毁坏尸体、尸骨、骨灰的,处三年以下有期徒刑、拘役或者管制。

《办理家暴案件意见》

20. 充分考虑案件中的防卫因素和过错责任。对于长期遭受家庭暴力后,在激愤、恐惧状态下为了防止再次遭受家庭暴力,或者为了摆脱家庭暴力而故意杀害、伤害施暴人,被告人的行为具有防卫因素,施暴人在案件起因上具有明显过错或者直接责任的,可以酌情从宽处罚。对于因遭受严重家庭暴力,身体、精神受到重大损害而故意杀害施暴人;或者因不堪忍受长期家庭暴力而故意杀害施暴人,犯罪情节不是特别恶劣,手段不是特别残忍的,可以认定为刑法第二百三十二条规定的故意杀人"情节较轻"。在服刑期间确有悔改表现的,可以根据其家庭情况,依法放宽减刑的幅度,缩短减刑的起始时间与间隔时间;符合假释条件的,应当假释。被杀害施暴人的近亲属表示谅解的,在量刑、减刑、假释时应当予以充分考虑。

涉家庭暴力刑事案件裁判规则第 12 条：

在"以暴制暴"故意杀人案件中，认定防卫行为是否明显超过必要限度，应以联系的眼光查明案件起因、双方的行为性质及被告人的心理现实

【规则描述】　认定案件起因，应当查明被告人既往是否存在受暴史，并将其与案发时的再次受暴联系起来。认定行为性质，应当考虑受暴史对被告人心理和认知的影响。认定防卫行为是否明显超过必要限度，应当设身处地地以受暴人的眼光看待现场处境、面临的危险及其遭受家庭暴力的严重程度，以判断其采取的防卫措施是否合理。

一、可供参考的例案

例案一：王某丽故意伤害案（受暴人正当防卫）

【法院】
　　一审：湖北省武汉市新洲区人民法院
　　二审：湖北省武汉市中级人民法院

【案号】
　　一审：（2009）鄂 0117 刑初 637 号
　　二审：（2020）鄂 01 刑终 610 号

【控辩双方】
　　抗诉机关：湖北省武汉市新洲区人民检察院
　　原审被告人：王某丽

【基本案情】

被告人王某丽与被害人张某1案发时系夫妻，二人于2010年2月28日生育一子张某2，其右耳系先天性耳畸形伴听力损害。2018年4月、9月和2019年5月，张某2三次在武汉民生耳鼻喉专科医院进行手术治疗，取自体肋软骨重建右耳郭，2019年6月5日出院。

王某丽与张某1常因家庭琐事发生吵打，案发前处于分居状态。2019年7月2日晚，二人多次在两处房屋内为离婚问题发生争执纠缠，并约定次日办理离婚手续。次日凌晨1时许，张某1来到王某丽与张某2居住的湖北省武汉市新洲区某小区，采取打电话、敲门、用小石子砸窗户等方式欲进入室内，王某丽均未开门和回应。王某丽报警后，出警民警始终未能找到事发地点，遂对张某1电话劝说警告。王某丽又向张某1之母张某3打电话求助均无果后，王某丽从厨房取出一把单刃水果刀藏在手中并打开大门，张某1进屋后即对王某丽进行辱骂、殴打，并将王某丽逼入卧室，打其耳光。王某丽被打后未立即持刀反抗，顺势将水果刀藏在床头。张某2见母亲被打，遂持玩具金箍棒打张某1背部，张某1随即一手将张某2按在床上，用腿跪压其双腿，同时用右手握拳击打张某2臀部。王某丽为防止张某2手术不足一月的再造耳郭受损，便徒手上前制止，制止无果后拿起床头的水果刀向张某1背部连刺3刀，其中两刀刺入胸腔，致其右肺下叶上段裂伤1.5厘米、深度0.5厘米，左肺舌叶上段裂伤1厘米、深度0.5厘米。张某1受伤后，王某丽立即骑电动车将张某1送至湖北省第三人民医院阳逻院区救治，张某1住院治疗12天后出院。经法医鉴定，张某1主要损伤为胸壁穿透创、双肺裂伤、双侧胸腔积液、左侧胸腔积气、左侧背部胸壁积气、右侧胸腔少量积气，其肺破裂行手术治疗之损伤评定为重伤二级；胸腔积气、胸壁穿透创之损伤评定为轻伤二级；综合评定损伤程度为重伤二级。

案发当日，张某1的亲属向公安机关报警，当晚21时许，王某丽在小区住所被口头传唤到案，并如实陈述了事发经过，公安机关于同年8月21日对其采取了取保候审强制措施。同年8月27日，王某丽与张某1办理了离婚登记，张某1出具《谅解书》，请求对王某丽免予刑事处罚。

法院依照《刑法》第20条第1款以及《刑事诉讼法》第200条第2项之规定，判决被告人王某丽无罪。

湖北省武汉市新洲区人民检察院不服，提出抗诉，后武汉市人民检察院申请撤回抗诉。二审法院准许撤回抗诉。

【案件争点】

被告人的防卫行为是否明显超过必要限度造成重大损害。

【裁判要旨】

法院认为，认定防卫行为是否"明显超过必要限度"，应当以足以制止并使防卫人免受家庭暴力不法侵害的需要为标准，根据防卫人所处的环境、面临的危险程度、采取的制止暴力的手段、施暴人正在实施家庭暴力的严重程度、造成施暴人重大损害的程度以及既往家庭暴力史等进行综合判断。

首先，被告人王某丽事发前因婚姻矛盾反复遭到张某1纠缠，直至凌晨时分仍受其不断滋扰。在报警求助，处警民警未能到达现场处置，经民警电话劝说张某1以及王某丽向张某1之母求助均无果后，无奈打开家门面对愤怒的张某1。因王某丽和其子张某2均曾受脾气暴躁的张某1打骂，王某丽在用尽求助方法、孤立无援、心理恐惧、力量对比悬殊的情形下准备水果刀欲进行防卫，其事先有所防备，准备工具的行为具有正当性、合理性。

其次，王某丽在自己遭到张某1辱骂、扇耳光殴打后，虽然手中藏有刀具，但未立即持刀反抗，而是顺势放下刀具藏于床头，反映王某丽此时仍保持了一定的隐忍和克制。张某将其子张某2按在床上殴打时，其虽然击打的只是张某2的臀部，但一个愤怒的成年人对于一个9岁儿童的暴力压制和伤害，具有造成张某2因取软骨的肋骨受伤以及再造的耳郭严重受损的明显危险。王某丽考虑到其子右耳先天畸形、曾取自体肋软骨再造耳郭、第三次手术出院不足一月等情形，担心其子术耳受损，在徒手制止无果后，情急之中持刀对张某1进行扎刺，制止其对张某2的伤害，避免严重损害后果的行为应当评价为正当防卫。判断王某丽的防卫行为是否明显超过必要限度，应当充分体谅一个母亲为保护儿子免受伤害的急迫心情，还应当充分考虑王某丽在当时紧张焦虑状态下的正常应激反应和张某2身体的特殊状况。张某1受伤停止殴打张某2后，王某丽亦立即停止了对其扎刺，此时不能以事后冷静的旁观者的立场，苛求防卫人"手段对等"，要求防卫人在孤立无援、高度紧张的情形之下作出客观冷静、理智准确的反应，实施刚好制止不法侵害的行为。亦不能陷入"唯结果论"的误区，根据查明的全部客观事实进行事后判断，特别是不能以致人重伤的防卫后果来逆推防卫行为是否过当，要设身处地地对事发起因、不法侵害可能造成的后果、当时的客观情境等因素进行综合判断，适当作出有利于防卫人的考量和认定。

综上认为，正当防卫是法律赋予公民的一项权利，《办理家暴案件意见》第19

条规定，为了使本人或者他人的人身权利免受不法侵害，对正在进行的家庭暴力采取制止行为，只要符合《刑法》规定的条件，就应当依法认定为正当防卫，不负刑事责任。本案中，被告人王某丽因婚姻纠纷在分居期间受其丈夫张某1的纠缠滋扰直至凌晨时分，自己和其子张某2先后遭张某1殴打。为防止张某2术后不足一月的再造耳郭受损，王某丽在徒手制止张某1未果的情形下，持单刃水果刀向其背部连刺3刀的行为符合正当防卫的起因、时间、主观、对象等条件，控辩双方对此均无异议。应当认定被告人王某丽的正当防卫行为未明显超过必要限度，不负刑事责任。

例案二：江某某、陈某柏故意伤害案（受暴人亲友正当防卫）

【法院】

一审：江西省上栗县人民法院

二审：江西省萍乡市中级人民法院

【案号】

一审：（2015）栗刑初字第330号

二审：（2016）赣03刑终68号

【控辩双方】

上诉人（原审自诉人暨附带民事诉讼原告人）：吴某文

原审被告人：江某某、陈某柏

【基本案情】

吴某文经人介绍认识江某玲后，双方于2001年4月20日登记结婚，并于2002年2月14日生育一子。后因吴某文有赌博恶习，夫妻间产生矛盾，江某玲于2010年12月6日向法院起诉离婚。2011年1月4日傍晚，吴某文独自步行至其岳父即江某某家中接江某玲和儿子回家，但江某玲不同意。吴某文质问江某玲为何不送儿子上学，江某玲责怪吴某文把儿子打伤得很严重，之后两人又讲到离婚的事情。江某玲说离不离婚等法院判决，吴某文说法院算老几，自己才是老大，要么三个人一起回去，要么一个都不要回去，同归于尽。江某某听后很生气，便把吴某文推出屋去。吴某文没有出去，而是冲到停放在大厅里的女式两轮摩托车前，打开摩托车坐垫，拧开油箱盖，拿出打火机。陈某柏见状冲上去按住坐垫，阻止吴某文。同时，江某某随手从地上捡起一根长约50厘米的铁管朝吴某文脚上打了两下。吴某文挨打后坐在地上继续说要炸死江某某全家，江某某和陈某柏把吴某文抬到屋外，关上门。因担心吴某文会炸掉房子，陈某柏又打开了门。江某玲见吴某文还在骂她家人，推吴某文走，见吴某文不走，便捡起地上的棍子朝吴某文手臂打了一棍，随后江某玲打电话报了警。上栗县公安局××镇派出所民警到达现场将吴某文劝走。经鉴定，吴某文左侧胫骨中段骨折、左侧第七肋骨骨折，其损伤程度构成轻伤。

一审法院认为，吴某文与其妻因感情不和，引起婚姻家庭矛盾，事发时，吴某文多次扬言要同归于尽，并且打开摩托车油箱盖，拿出打火机，其行为已经构成了现实危险，江某某在此情形下捡起钢管击打吴某文，属正当防卫。因吴某文的行为具有严重危及人身安全性，江某某可以实施更严厉的防卫，造成自诉人吴某文轻伤，不属于防卫过当，不负刑事责任。吴某文无证据证实陈某柏殴打了自己，故吴某文指控陈某柏构成故意伤害罪事实不清、证据不足，不予支持。故依照《刑法》第20条第1款、第3款，《侵权责任法》第30条，以及《最高人民法院关于适用〈中华人民共和国民事诉讼法〉的解释》第90条之规定，分别判决被告人江某某、被告人陈某柏无罪，被告人江某某、陈某柏不承担民事赔偿责任。

吴某文上诉提出，一审认定江某某为正当防卫属事实认定错误，自己是被江某某、陈某柏打了后抬到屋外的，他根本没有用钥匙和打火机去点燃摩托车油箱。

二审法院经审理，作出裁定：驳回上诉，维持原判。

【案件争点】

被告人的防卫行为是否明显超过必要限度造成重大损害。

【裁判要旨】

二审法院认为，为了使本人的权利免受正在进行的不法侵害，而采取的制止不法侵害的行为，对不法侵害人造成损害的，属于正当防卫，不负刑事责任。在本案事发时，吴某文在江某某家中多次扬言要同归于尽，并且打开摩托车油箱盖，拿出打火机，其行为已经构成了现实危险，江某某在此紧迫情形下随手捡起铁管朝不法侵害人吴某文击打造成其轻伤，属正当防卫，且没有超过必要限度，江某某依法不负刑事责任。因正当防卫造成损害的，不承担赔偿责任。吴某文无证据证实陈某柏殴打了自己，二审期间亦未提供补充证据，故吴某文指控陈某柏犯故意伤害罪证据不足。

二、裁判规则提要

（一）认定案件起因时，应当查明被告人既往是否存在受暴史，并将其与案发时的受暴情况联系起来看

认定案件起因，不仅要考虑案发时双方的互动行为，更要考虑双方既往是否存在施暴和受暴的经历。司法实践中，"以暴制暴"案件中的被害人与被告人之间，大多存在长期的施暴和受暴的婚姻关系。大多数受暴人不堪忍受时，会想要用分手来摆脱暴力。但是，受暴人越想摆脱暴力，施暴人就越会进一步暴力纠缠受暴人。暴力从来都是施暴人用来控制受暴人的手段，只是这最后一次施暴的后果，是受暴人不堪忍受反伤或反杀施暴人。这种暴力因为是施暴人不肯分手而实施，因此被称为"分手暴力"[①]。例案一和例案二均是分手暴力引发的案件。例案一证据显示，双方在婚姻关系存续期间，被害人（施暴人）一直频繁地实施控制型暴力行为，被告人想离婚，是想摆脱施暴人的控制，施暴人不想失去对被告人的控制，故虽然二人头天晚上已商定次日去民政局办理离婚手续，但施暴人仍在案发当日凌晨强行闯入被告人家里，肆无忌惮地殴打被告人母子，这是他一贯的控制型暴力从婚内同居期间延续到婚内分居期间直到案发时的一个持续性行为。例案二证据显示，吴某文对其妻江某玲有长期的家庭暴力行为，案发时其妻已起诉并坚决要求离婚，吴某文曾多次到其岳父江某某家中闹事，案发时其企图威逼妻子带着被他打伤的孩子跟其回家，并扬言妻儿不肯跟他回家便要炸掉岳父的房子作为报复和与包括其妻在内的岳父全家同归于尽。吴某文打开摩托车油箱盖，拿出打火机欲点燃油箱的行为，便是他一贯的控制型暴力行为从与其妻的婚姻关系中延伸到与其岳父母的关系中的一个持续性行为。上述两案中的原家庭暴力施暴人在案发时实施的分手暴力与其以往无数次实施的家庭暴力一样，都是为了控制其妻子。这是原家庭暴力施暴人一贯对待被告人的方式，其行为具有连续性，是同一个行为模式。因此，把原施暴人的既往施暴史和案发前实施的暴力攻击联系起来看，分析其施暴动机是否具有一致性，是认定案件起因和被告人行为性质的重要考量。

（二）认定行为性质时，应当考虑受暴史对被告人心理和认知的影响

世间万物，只要是反复发生的，就有规律可循。家庭暴力就属于只要有一次就

[①] 关于分手暴力，请参阅本书第4条规则。

会有无数次的规律性行为。一个有受暴史的人和一个从未接触过暴力的人，面对暴力时的心理状态和对暴力及其危险的认知是完全不一样的。被告人长期在暴力婚姻关系中与施暴人互动，其自我保护的重要技能，便是察言观色，熟悉施暴人的行为模式及其言行举止传递的信号，小心行事，尽量避免激怒施暴人。在面对施暴人的不法侵害时，这类被告人可能会准确预见暴力的危险程度及其后果，[①] 也可能因内心极度恐惧而不同程度地放大暴力的危险程度及其可能造成的后果，即类似于"一朝被蛇咬，十年怕井绳"的过度反应。虽然反应过度，异于常人，但在特定背景下，依然是合理的。因此无论是哪一种情况，都可能是被告人案发时的心理现实。判断被告人的行为性质时，应当考虑其心理现实是否符合其特殊的心理状态和其对家庭暴力的特定认知。

将被告人受暴史作为判断防卫行为是否"明显超过必要限度"的重要依据之一，在《办理家暴案件意见》第 19 条第 2 款中已有规定。该规定中的"既往家庭暴力的严重程度"，便是指法院应当将受暴史对被告人的心理和行为的影响作为认定正当防卫的重要因素之一。

（三）认定防卫行为是否明显超过必要限度，应当设身处地地以受暴人的眼光看待现场处境、面临的危险及其遭受家庭暴力的严重程度，以判断其采取的防卫措施是否合理

设身处地地以受暴人的眼光，意思是不能站在一个没有受暴经历、内心没有恐惧、头脑冷静的旁观者角度看待当时的客观现实和危险程度，而应从一个有受暴史、内心恐惧、对暴力及其后果有预见能力的受暴人的角度，判断案发时被告人眼中自己的处境和面临的现实危险。

研究发现，在存在家庭暴力的婚姻关系中，受暴人对暴力容忍度往往高于常人。受暴人清楚施暴人易暴怒的性格特点，也清楚地知道自己没有力量与之抗衡，因此一般情况下不敢反抗。但她们中的一小部分人，在预见到将要或正在发生的暴力（将）会超过自己的耐受底线，或者将危及自己或亲友生命安全的危急关头，会突然迸发出巨大的能量，一改常态，以暴制暴。这种现象完全符合心理学关于人类在面临重大危险或产生巨大恐惧时，不同性格特质和经历的人会出现或战斗、或逃跑、

---

① 被告人王某丽就是因为在被迫开门前，准确预见到被害人张某 1 的暴力行为很可能对她或孩子造成难以弥补的伤害后果，才事先从厨房取出一把单刃水果刀作为防卫工具，也因此得以制止了被害人对术后不久的儿子的殴打。

或僵住的行为反应。① 意思是，一个人如果在一个封闭的空间，意识到自己或他人的人身安全或生命处于严重危险中，在逃无可逃、退无可退的情境中，可能会瞬间进入战斗状态或无法动弹状态。家庭暴力关系中发生的反伤或反杀案，被告人在案发时所进入的就是其中的状态之一：战斗状态。

判断家庭暴力受暴人是否面临现实危险，既要站在局外人的角度，更要设身处地地站在被告人长期受暴而获得预见家庭暴力的能力的角度，判断案发时施暴人正在实施的暴力是否可能超过被告人的心理忍耐限度，以及根据被告人从长期的受暴经验中得出的案发时施暴人是否会将致命的暴力威胁付诸实施的判断，来认定是否符合其当时的心理和认知状态。这在受暴人处，是历经多年受暴后获得的特殊能力。没有家庭暴力受暴经历的局外人虽然难以直接感受到，但是只要设身处地综合考虑，还是能够体会到的。② 期待这类被告人在面对不法侵害的危险关头，有能力像一个旁观者那样冷静地思考并采取对等的，或者力度适当的手段进行反抗，不具有期待可能性。③ 这样的被告人采取的防卫行为，即使给被害人（即原家庭暴力施暴人）造成较严重的伤害后果，也应适当作有利于被告人的考量和认定，特别是这类被告人既无人身危险性，也不具有社会危害性。

---

① ［美］詹妮弗·弗尔德、帕梅拉·比勒尔：《看不见的背叛：爱与痛的挣扎与疗愈》，北京联合出版社 2016 年版，第 84~85 页。

② 关于这一点，有些法院采取了邀请专家证人出庭协助合议庭作出判断的做法。参见本书第 2 条规则。

③ 期待可能性最早的判例，是 1879 年 3 月 23 日德意志帝国法院第四刑事部作出的"癖马案"判决。案情大致如下：被告人是一位马车夫。被告人多年来一直驾驭着一辆双辕马车，其中一匹辕马有以马尾绕住缰绳并用力压低行走的恶癖。1896 年 7 月 19 日，雇主命令他驾驭其马车出行。马车夫要求更换辕马，遭到拒绝。马车夫只得赶着该马车出行，结果途中该马又一次癖性发作。惊马撞倒了路旁行走的铁匠，致铁匠脚部骨折。检察官以"过失伤害罪"对马车夫提起了公诉，但原审法院宣告被告人无罪。检察官又以原审判决不当为由，向德意志帝国法院提起上诉，帝国法院驳回了上诉。理由是马车夫"认识"到该马有以尾绕缰的癖性并可能伤人的后果，并提出了更换辕马的要求，但雇主不但不换马，反以解雇相威胁。这种情况下，以人之常情看，法律很难期待被告人作出对抗雇主命令、拒绝驾驭马车以致丢掉自己"饭碗"的"适法"举动。此即后人所谓的"适法期待不能"。转引自屈学武：《死罪、死刑与期待可能性——基于受虐女性杀人命案的法理分析》，载《环球法律评论》2005 年第 1 期。

三、辅助信息

《刑法》

第二十条　为了使国家、公共利益、本人或者他人的人身、财产和其他权利免受正在进行的不法侵害，而采取的制止不法侵害的行为，对不法侵害人造成损害的，属于正当防卫，不负刑事责任。

正当防卫明显超过必要限度造成重大损害的，应当负刑事责任，但是应当减轻或者免除处罚。

对正在进行行凶、杀人、抢劫、强奸、绑架以及其他严重危及人身安全的暴力犯罪，采取防卫行为，造成不法侵害人伤亡的，不属于防卫过当，不负刑事责任。

《刑事诉讼法》

第二百条　在被告人最后陈述后，审判长宣布休庭，合议庭进行评议，根据已经查明的事实、证据和有关的法律规定，分别作出以下判决：

（一）案件事实清楚，证据确实、充分，依据法律认定被告人有罪的，应当作出有罪判决；

（二）依据法律认定被告人无罪的，应当作出无罪判决；

（三）证据不足，不能认定被告人有罪的，应当作出证据不足、指控的犯罪不能成立的无罪判决。

《办理家暴案件意见》

19.准确认定对家庭暴力的正当防卫。为了使本人或者他人的人身权利免受不法侵害，对正在进行的家庭暴力采取制止行为，只要符合刑法规定的条件，就应当依法认定为正当防卫，不负刑事责任。防卫行为造成施暴人重伤、死亡，且明显超过必要限度，属于防卫过当，应当负刑事责任，但是应当减轻或者免除处罚。

认定防卫行为是否"明显超过必要限度"，应当以足以制止并使防卫人免受家庭暴力不法侵害的需要为标准，根据施暴人正在实施家庭暴力的严重程度、手段的残忍程度、防卫人所处的环境、面临的危险程度、采取的制止暴力的手段、造成施暴人重大损害的程度，以及既往家庭暴力的严重程度等进行综合判断。

《最高人民检察院、公安部关于依法妥善办理轻伤害案件的指导意见》

二、依法全面调查取证、审查案件

（五）坚持全面审查案件。人民检察院应当注重对案发背景、案发起因、当事人的关系、案发时当事人的行为、伤害手段、部位、后果、当事人事后态度等方面进行全面审查，综合运用鉴定意见、有专门知识的人的意见等，准确认定事实，辨明是非曲直。

（二十）对情节恶劣的轻伤害案件依法从严处理。对于虽然属于轻伤害案件，但犯罪嫌疑人涉黑涉恶的，雇凶伤害他人的，在被采取强制措施或者刑罚执行期间伤害他人的，犯罪动机、手段恶劣的，伤害多人的，多次伤害他人的，伤害未成年人、老年人、孕妇、残疾人及医护人员等特定职业人员的，以及具有累犯等其他恶劣情节的，应当依法从严惩处。

涉家庭暴力刑事案件裁判规则第 13 条：
受暴人事先准备防卫工具的行为，不影响其防卫意图的认定

【规则描述】 在家庭暴力关系中，施暴行为具有周期性规律，受暴人可因多次受暴而获得对家暴行为的预见能力，其因提前预判到施暴人可能的不法侵害，而事先准备防卫工具，并在遭到施暴人伤害时以该工具反击，无论该防卫工具是日常携带还是事先准备，均不影响防卫意图的认定。

一、可供参考的例案

例案一：陶某青故意伤害案（受暴人防卫过当犯罪）

【法院】
　　一审：安徽省淮北市中级人民法院
　　二审：安徽省高级人民法院

【案号】
　　一审：（2015）淮刑初字第 00028 号
　　二审：（2016）皖刑终 29 号

【控辩双方】
　　原公诉机关：安徽省淮北市人民检察院
　　上诉人（原审被告人）：陶某青

【基本案情】
　　一审法院认定，2015 年 10 月 10 日 16 时许，被告人陶某青与其丈夫被害人赵某矿在安徽省淮北市相山区自家门前因琐事发生厮打。其间，赵某矿将陶某青打倒并用拳头持续击其头部，陶某青持事前准备的匕首朝赵某矿左胸部捅刺一刀并逃离现场。后赵某矿被送至医院经抢救无效死亡。经鉴定，赵某矿符合单刃锐器刺击左

胸部而致心脏破裂死亡，陶某青的损伤程度为轻微伤。

一审法院认为，被告人陶某青因家庭琐事与被害人赵某矿发生争执，并持刀刺击赵某矿胸部致其心脏破裂，后经抢救无效死亡，其行为已构成故意伤害罪。赵某矿与陶某青发生矛盾后，即对陶某青实施殴打并致其轻微伤，赵某矿对本案的发生具有过错，可对陶某青从轻处罚。赵某矿与陶某青厮打过程中，赵某矿虽对处于弱势的陶某青实施了一定程度的殴打行为，但陶某青持事先准备的匕首打击赵某矿手部，继而捅刺赵某矿胸部，结合案发现场他人积极阻止殴打等情节，陶某青的行为不符合正当防卫的法定构成要件。

一审法院依照《刑法》第234条之规定，以故意伤害罪判处被告人陶某青有期徒刑十年。

陶某青及其辩护人上诉提出：（1）一审判决混淆事实，其持匕首是为防身的，而非为了犯罪"持事先准备的匕首"；其系在被害人的追赶下而逃跑，并非作案后"逃离现场"；其受赵某矿殴打，并非夫妻间的厮打。（2）陶某青是家庭暴力的受暴人，被害人有重大过错。（3）其做剖宫产手术仅15天，被害人用脚踢、拳打其头部，现场仅一名妇女拉架，无法阻止醉酒状态的被害人施暴，其反抗系正当防卫。（4）其明知公安机关会介入处理，赶到医院，在医院看到警察时，没有躲避，应视为自动投案，归案后如实供述，系自首。

二审中，检察员发表如下出庭意见：陶某青的行为有防卫性质，但明显超过必要限度，属防卫过当。陶某青赶到医院的目的是探询被害人伤情，并非投案，看到警察没有抗拒抓捕不能说明其有投案意图，故不属于自首。建议对其减轻处罚并适用缓刑。

二审法院经审理查明，上诉人陶某青与被害人赵某矿系夫妻关系，赵某矿有婚外不正当两性关系，并经常打骂陶某青。2015年9月22日，陶某青的二女儿出生，9月29日出院，陶某青住院期间亦遭到赵某矿殴打。同年10月10日中午，赵某矿及其家人在村里为二女儿出生办宴席。当日16时许，赵某矿与陶某青因琐事在其家外巷子口发生争吵，继而相互拉扯，赵某矿将陶某青打倒并拳打脚踢，陶某青将赵某矿衣服撕烂。被人拉开后，陶某青回到家中拨打110电话报警称其被人殴打，要求公安机关来人处理。随后陶某青收拾衣物打算离家外出打工，因怕再被殴打及吓唬赵某矿，其将家中常用的一把折叠单刃匕首放入包内。当陶某青来到巷口时，被在此等候的赵某矿拦住，并再次被打骂，其间，赵某矿抓住陶某青衣服，陶某青持未打开的匕首砸击赵某矿手部，赵某矿将陶某青打倒，并用拳头持续击打其头部，陶某青打开匕首朝赵某矿胸部捅刺一刀后离开现场，赵某矿追赶十余米后倒地。在前往火车站的路上，邻居黄某给陶某青打电话，告知赵某矿受伤严重在医院抢救，陶某青遂赶至医院急救室，见到警察后如实交代犯罪事实。经鉴定，赵某矿符合单刃锐器刺击左胸部而致心脏破裂死亡，陶某青的损伤程度为轻微伤。

二审法院认为，上诉人陶某青因家庭琐事与被害人赵某矿发生争执，持刀刺击赵某矿胸部致心脏破裂，后经抢救无效死亡，其行为构成故意伤害罪。上诉人被被害人殴打，出于防卫目的，持匕首捅刺被害人，其行为具有防卫性质，但明显超出必要限度，系防卫过当，应当减轻处罚。上诉人明知公安机关要对此事进行处理，仍前往医院，见到警察后，没有逃避，自愿置于公安机关控制之下，归案后如实供述，系自首，可以从轻或减轻处罚。被害人对上诉人存在家庭暴力，并有婚外情，具有重大过错，可对被告人酌情从轻处罚。原判适用法律有误，应予纠正。鉴于上诉人的人身危险性较低、取得被害人家人谅解、村民要求对陶某青从轻处罚，以及有利于抚养婴幼儿等情节，采纳出庭检察员建议对上诉人减轻处罚并适用缓刑的意见。

二审法院经审理，依照《刑事诉讼法》第225条第1款第2项；《刑法》第234条，第20条第1款、第2款，第67条第1款，第72条第1款，第73条第2款、第3款；《最高人民法院关于处理自首和立功具体应用法律若干问题的解释》第1条第1项；《最高人民法院关于处理自首和立功若干问题的意见》第1条第1项之规定，作出改判，以故意伤害罪判处被告人陶某青有期徒刑三年，缓刑五年。

【案件争点】

事先准备匕首是否影响防卫性质的认定。

【裁判要旨】

二审法院认为，陶某青在第一次被赵某矿殴打后返回家中拨打"110"报警电话，并拿了衣服、身份证及匕首放入包中，陶某青供述其准备离家外出打工，因害怕再被殴打，拿匕首吓唬赵某矿，之后陶某青走出巷口，是被害人上前将其拦住殴打，故陶某青携带匕首的目的是防卫，不宜简单表述为"事前准备的匕首"。陶某青供述不知捅得多严重，捅过后被害人夺刀，她害怕被害人打她才离开现场，现场监控视频亦证实赵某矿被捅刺后仍追撵陶某青十余米，故上诉人捅刺被害人后离开现场并非逃避司法机关追究，不宜简单表述为"逃离现场"。原判表述双方发生"厮打"与事实不符，伤情鉴定、被告人供述及在场证人证言均证实是被害人殴打上诉人，上诉人作为一名刚出院不久的产妇，没有对等的还击能力。故相关上诉理由及辩护意见成立。作为刚出院不久的产妇,上诉人若不采取防卫行为则无法保护其人身安全,至于上诉人事前准备防卫工具并不影响其防卫行为性质的认定,现场虽有一名妇女在阻止被害人殴打上诉人,但并不能有效阻止,不能以有人积极阻止殴打而否认上诉人防卫的必要性、合理性。故上诉人在被被害人殴打时持刀捅刺被害人的行为具有防卫性质,但比较双方使用的工具及造成的后果,被害人拳打脚踢,不法侵害的强度仅是轻微伤,上诉人持匕首捅刺且造成被害人死亡,故上诉人的防卫行为超出必要限度,系防卫过当。上诉人辩称其系正当防卫的理由不能成立,对出庭检察员认为上诉人的行为系防卫过当的意见予以采纳。

例案二:王某丽故意伤害案(受暴人正当防卫)

【法院】

一审:湖北省武汉市新洲区人民法院

二审:湖北省武汉市中级人民法院

【案号】

一审:(2019)鄂 0117 刑初 637 号

二审:(2020)鄂 01 刑终 610 号

【控辩双方】

抗诉机关:湖北省武汉市新洲区人民检察院

原审被告人:王某丽

【基本案情】

被告人王某丽与张某 1 案发时系夫妻,二人于 2010 年 2 月 28 日生育一子张某 2,其右耳系先天性耳畸形伴听力损害。2018 年 4 月、9 月和 2019 年 5 月,张某 2 三次在武汉民生耳鼻喉专科医院进行手术治疗,取自体肋软骨重建右耳郭,2019 年 6 月 5 日出院。

王某丽与张某 1 常因家庭琐事发生吵打,案发前处于分居状态。2019 年 7 月 2 日晚,二人多次在两处房屋内因离婚问题发生争执纠缠,并约定次日办理离婚手续。次日 1 时许,张某 1 来到王某丽与张某 2 居住的湖北省武汉市新洲区某小区,采取打电话、敲门、用小石子砸窗户等方式欲进入室内,王某丽均未开门和回应。王某丽报警后,出警民警始终未能找到事发地点,遂对张某 1 电话劝说警告。王某丽又向张某 1 之母张某 3 打电话求助均无果后,王某丽从厨房取出一把单刃水果刀藏在手中并打开大门,张某1进屋后即对王某丽进行辱骂、殴打,并将王某丽逼入卧室,打其耳光。王某丽被打后未立即持刀反抗,而是顺势将水果刀藏在床头。张某2见母亲被打,遂持玩具金箍棒打张某1背部,张某1随即一手将张某2按在床上,用腿跪压其双腿,同时用右手握拳击打张某2臀部。王某丽为防止张某2术耳受损,便徒手上前制止,制止无果后遂拿起床头的水果刀向张某1背部连刺3刀,其中两刀刺入胸腔,致其右肺下叶上段裂伤1.5厘米、深度0.5厘米,左肺舌叶上段裂伤1厘米、深度0.5厘米。张某1受伤后,王某丽立即骑电动车将张某1送至湖北省第三人民医院阳逻院区救治,张某1住院治疗12天后出院。经法医鉴定,张某1主要损伤为胸壁穿透创、双肺裂伤、双侧胸腔积液、左侧胸腔积气、左侧背部胸壁积气、右侧胸腔少量积气,其肺破裂行手术治疗之损伤评定为重伤二级;胸腔积气、胸壁穿透创之损伤评定为轻伤二级;综合评定损伤程度为重伤二级。

案发当日,张某1的亲属向公安机关报警,当晚21时许,王某丽在小区住所被口头传唤到案,并如实陈述了事发经过,公安机关于同年8月21日对其采取了取保候审强制措施。同年8月27日,王某丽与张某1办理了离婚登记,张某1出具《谅解书》,请求对王某丽免予刑事处罚。

一审法院认定被告人王某丽的正当防卫行为未超过必要限度,不负刑事责任,依照《刑法》第20条第1款以及《刑事诉讼法》第200条第2项之规定,判决被告人王某丽无罪。

湖北省武汉市新洲区人民检察院不服,提出抗诉,后武汉市人民检察院申请撤回抗诉,二审法院准许撤回抗诉。

【案件争点】

事先准备刀具是否足以否定被告人的防卫意图。

【裁判要旨】

一审法院认为,被告人王某丽事发前因婚姻矛盾反复遭到张某1纠缠,直至凌晨时分仍受其不断滋扰。在报警求助,处警民警未能到达现场处置,经民警电话劝说张某1以及王某丽向张某1之母求助均无果后,无奈打开家门面对愤怒的张某1。因王某丽和其子张某2均曾受脾气暴躁的张某1打骂,王某丽在用尽求助方法、孤立无援、心理恐惧、力量对比悬殊的情形下准备水果刀欲进行防卫,其事先有所防备,准备工具的行为具有正当性、合理性。

例案三：赵某华故意伤害案（受暴人防卫过当犯罪）

【法院】

贵州省水城县人民法院

【案号】

一审：（2017）黔0221刑初300号

【控辩双方】

公诉机关：贵州省水城县人民检察院

被告人：赵某华

【基本案情】

2017年2月12日17时许，贵州省水城县××乡××村黄某与其妻被告人赵某华因家庭琐事发生口角，黄某在电话中扬言回家要把赵某华及孩子黄某1和黄某2砍死。因黄某酒后长期对赵某华及其子女进行殴打，赵某华便叫黄某1和黄某2到其妹妹家躲避，自己在家中等黄某回家。后赵某华害怕黄某1和黄某2在路上遇到黄某，便前往妹妹家看孩子是否安全到达，因害怕路上遇到黄某，赵某华就在该村"十米桥"边的一个小河旁捡了一根木棒防身。当赵某华从"十米桥"往龙场方向走到一客运汽车停靠站台的公路上时，遇见黄某从另一方向歪歪倒倒地迎着赵某华走来，赵某华看见黄某右肩部的衣服没有穿好，便上前给黄某穿衣服，黄某便乱骂赵某华，并用双手揪住赵某华的头发，把赵某华的头往下压，抓扯着赵某华走。走了几米远，赵某华的头被黄某按压到接近地面时，赵某华用左手抱住黄某的右腿膝盖处，用力将黄某顶倒在地，又将黄某拉着自己头发的两只手掰开，看见黄某在地上准备再起来时，赵某华便用右脚蹬了黄某，黄某便又睡倒在地。赵某华随手捡起放在地上的木棒，往黄某的头部左眉处打了两棒，正准备继续打第三棒时，赵某华看见黄某的头部左眉处流血，便将手上的木棒丢弃后离开，后黄某经抢救无效死亡。经鉴定，黄某系额部及左眉弓处受钝性外力作用致颅脑损伤死亡。

另查明，案发后，被告人赵某华明知他人报案而在现场等待，在公安机关对其抓捕时无拒捕行为，且在归案后如实供述了犯罪事实。庭审前，被害人黄某的近亲属出具《刑事谅解书》，对被告人赵某华表示谅解。

法院依照《刑法》第234条第1款、第20条、第61条、第62条、第63条、第67条第1款之规定，以故意伤害罪判处被告人赵某华有期徒刑三年。

【案件争点】

事先准备木棍是否足以否定被告人的防卫意图。

【裁判要旨】

法院认为，被害人黄某酒后对赵某华实施殴打，赵某华面对正在进行的不法侵害，采取制止不法侵害的行为，属防卫行为，但明显超过必要限度，从而导致被害人死亡的结果，其行为应负刑事责任，依法应对其减轻处罚。

二、裁判规则提要

（一）区分控制型暴力和反应型暴力

审理"以暴制暴"的涉家暴刑事案件，很重要的一点是区分暴力的类型。理论上，按照动机的不同，家庭内部发生的暴力可区分为控制型暴力和反应型暴力两种。控制型暴力是行为人为了在婚姻和家庭生活中获得控制权，在对方有不同意见的情况下，有规律地通过殴打和恐吓实施的暴力行为，其目的是迫使对方因为害怕而屈从，因此具有规律性的行为模式。而反应型暴力则是行为人在遭遇控制型暴力时以暴力方式作出的反应，因此也称为抵抗型暴力。反应型暴力受控制型暴力的驱动，目的是自我保护，其暴力行为仅指向控制型暴力施暴人。反应型暴力不以控制他人为目的，因此没有特定的行为模式。[1]

反家庭暴力的理论研究和司法实践发现，在婚姻家庭关系中，控制型暴力行为人主要是男性，反应型暴力行为人主要是女性。在本条规则的 3 个例案中，被告人（原家庭暴力受暴人）的暴力行为均因被害人（原家庭暴力施暴人）的控制型暴力而引发，是对控制型暴力作出的反应。

（二）被告人因长期受暴而获得预见家庭暴力的能力

家庭暴力具有周期性特点，这是最早由美国临床心理治疗师雷妮·沃克（Lenore Walker）医生提出的。她在《受暴妇女为什么杀夫以及社会如何回应她们的行为》[2]一书中将家庭暴力发生和发展的过程命名为"暴力的恶性循环"。这个循环一般分为

---

[1] 陈敏：《家暴行为需要根据暴力行为背后的动机来判断》，载《人民法院报》2016 年 3 月 23 日第 6 版。

[2] Lenore E.Walker.Terrifying Love: Why Battered Women Kill and How Society Responds, Happer & Row Publishers, New York, pp.42-53.

三个阶段。第一阶段是紧张情绪的累积。在这个阶段，受暴人为了不挨打，可能会小心翼翼地讨好施暴人，有时候甚至因为预见到下一次暴力即将发生，为了尽快躲过难熬的恐惧，而主动"引爆"施暴方一触即发的负面情绪，以便让"靴子尽快落地"。从"引爆"到暴力的爆发，是循环的第二阶段。之后，双方的关系雨过天晴，进入第三阶段，即平静期。这个阶段的施暴人，因为情绪得到释放，又看到自己给受暴人造成的身体伤害，通常会感到后悔，害怕受暴人会因此离开自己，于是向受暴人道歉，请求原谅，保证下不为例等。施暴人在第三阶段表达的情感，使受暴人产生暴力可以停止、婚姻关系会回到从前的幻想。但是，平静期是暴力恶性循环三阶段中延续时间最短的，之后下一个循环会不可避免地开始。[1]

沃克医生认为，暴力具有周期性，是因为大多数情况下其发生与受暴人说了什么或者做了什么无关，而与施暴人想要控制受暴人的强烈欲望有关。驱使行为人施暴的，是其内心的失控感，而施暴是其找回控制感的有效手段，因此，暴力随着施暴人内心情绪的变化规律而发生，而非受暴人做了什么。恶性循环指的是在没有外界强力干预的情况下，亲密关系存续时间越长，暴力发生频率越高（从半年1次、3个月1次、1个月1次，直至案发前的1周2~3次），施暴人下手的力度和给受暴人造成的伤害后果会越来越严重。暴力造成的结果是，受暴人越来越害怕施暴人，大部分时间里，生活就像踩在鸡蛋壳上行走一样，过得战战兢兢。沃克医生将经历过两次暴力的周期性恶性循环还离不开施暴人的女性定义为受暴妇女。[2]

周期性发生的事情，有规律可循，因此可以被预见。同处一个屋檐下，又长期经历家庭暴力周期性的恶性循环，受暴人很容易获得对暴力的预见能力，而且一般都很准确。例案一中，被害人生前经常殴打被告人陶某青。即使在陶某青生二女儿剖宫产术后仅仅15天，就不止一次殴打过她，如此高频的受暴经历，足以练就陶某青对被害人在何时以及何种情形下会施暴的预见能力。在例案二中，被害人和被告人王某丽因婚后经常性吵打，已经处于分居状态。案发前一天，双方因讨论离婚问题发生"争执纠缠"，被害人虽然口头同意次日一起去办理离婚手续，其却于次日凌晨1时打电话、敲门、用小石子砸窗等方式欲强行进入王某丽的居所，显见其有强烈的暴力控制王某丽的欲望。王某丽多年的受暴经历，足以使她预见到被害人深夜

---

[1] 转引自陈敏：《受虐妇女综合症专家证据在司法实践中的运用》，载陈光中、江伟主编：《诉讼法论丛》（2004年第9卷），法律出版社2004年版，第134~172页。

[2] 转引自陈敏：《受虐妇女综合症专家证据在司法实践中的运用》，载陈光中、江伟主编：《诉讼法论丛》（2004年第9卷），法律出版社2004年版，第137页。

"来访"后母子即将遭受的辱骂和殴打。在例案三中,被害人黄某长期在酒后殴打被告人赵某华及其子女。这是一个明显有章可循的、规律性的、反复发生的行为。施暴人喝酒的行为预示着自己和孩子即将挨打,仅此一点,赵某华就可以获得对暴力即将发生的预见能力。案发前,当酒后的黄某威胁要砍死赵某华及其子女时,就像大多数家庭暴力受暴人一样,赵某华相信黄某说到做到,因为家庭暴力施暴人的特点之一是,说别的话不算数,但说要打家人,说到做到。后来发生的事情,正说明赵某华有准确的预见能力。

(三)因预见暴力而事前准备防卫工具的,不影响对其防卫意图的认定

《刑法》第20条第1款规定,为了使国家、公共利益、本人或者他人的人身、财产和其他权利免受正在进行的不法侵害,而采取的制止不法侵害的行为,对不法侵害人造成损害的,属于正当防卫,不负刑事责任。《办理家暴案件意见》第19条提到,为了使本人或者他人的人身权利免受不法侵害,对正在进行的家庭暴力采取制止行为,只要符合《刑法》规定的条件,就应当依法认定为正当防卫,不负刑事责任。防卫行为造成施暴人重伤、死亡,且明显超过必要限度,属于防卫过当的,应当负刑事责任,但是应当减轻或者免除处罚。《适用正当防卫指导意见》第9条规定,双方因琐事发生冲突,冲突结束后,一方又实施不法侵害,对方还击,包括使用工具还击的,一般应认定为防卫行为。不能仅因为行为人事先进行防卫准备,就影响对其防卫意图的认定。

在以暴制暴构成犯罪的案件中,被告人因长期受暴经历能准确预判施暴人的不法侵害,但基于体力上的弱势以及心理上对被害人的恐惧,为防止再次受到被害人的不法侵害,以及为提升自身防御家庭暴力的能力,提前准备防卫工具,足以说明暴力的恶性循环已经到了被害人相信自己赤手空拳无力抵御从而必须借助工具的程度。而被告人在遭到被害人再次殴打时才被迫反击的事实说明,其行为是在防卫意图支配下的防卫行为,是对被害人的控制型暴力作出的合理反应,其行为仅指向对其施暴的被害人,故其事前准备防卫工具的行为,不影响防卫性质的认定。

三、辅助信息

《刑法》

第二百三十四条　故意伤害他人身体的,处三年以下有期徒刑、拘役或者管制。

犯前款罪,致人重伤的,处三年以上十年以下有期徒刑;致人死亡或者以特别残忍手段致人重伤造成严重残疾的,处十年以上有期徒刑、无期徒刑或者死刑。本法另有规定的,依照规定。

第二十条　为了使国家、公共利益、本人或者他人的人身、财产和其他权利免受正在进行的不法侵害,而采取的制止不法侵害的行为,对不法侵害人造成损害的,属于正当防卫,不负刑事责任。

正当防卫明显超过必要限度造成重大损害的,应当负刑事责任,但是应当减轻或者免除处罚。

对正在进行行凶、杀人、抢劫、强奸、绑架以及其他严重危及人身安全的暴力犯罪,采取防卫行为,造成不法侵害人伤亡的,不属于防卫过当,不负刑事责任。

《最高人民法院关于处理自首和立功具体应用法律若干问题的解释》

第一条　根据刑法第六十七条第一款的规定,犯罪以后自动投案,如实供述自己的罪行的,是自首。

(一)自动投案,是指犯罪事实或者犯罪嫌疑人未被司法机关发觉,或者虽被发觉,但犯罪嫌疑人尚未受到讯问、未被采取强制措施时,主动、直接向公安机关、人民检察院或者人民法院投案。

犯罪嫌疑人向其所在单位、城乡基层组织或者其他有关负责人员投案的;犯罪嫌疑人因病、伤或者为了减轻犯罪后果,委托他人先代为投案,或者先以信电投案的;罪行尚未被司法机关发觉,仅因形迹可疑被有关组织或者司法机关盘问、教育后,主动交代自己的罪行的;犯罪后逃跑,在被通缉、追捕过程中,主动投案的;经查实确已准备去投案,或者正在投案途中,被公安机关捕获的,应当视为自动投案。

并非出于犯罪嫌疑人主动,而是经亲友规劝、陪同投案的;公安机关通知犯罪嫌疑人的亲友，或者亲友主动报案后，将犯罪嫌疑人送去投案的，也应当视为自动投案。

犯罪嫌疑人自动投案后又逃跑的，不能认定为自首。

……

《刑事审判参考》第433号案例：李明故意伤害案

被告人李明在与王宗伟发生冲突后，返回单位住处取刀并再次回到迪厅，但既未主动伤害王宗伟，也未对在场的同事讲述曾与王宗伟有过冲突一事，可见其取刀的主观目的正如其所说，是在察觉到王宗伟可能对其侵害的情况下所采取的防卫准备，其主观上并无非法侵害他人的意图，而且其事先对此后所发生的事件也不确知，因此，被告人的行为不属于互殴。被害人张艳龙等人在王宗伟的预谋和指使下，预先埋伏在李明返回住处的途中，事先没有任何言语表示，即对正常行走的李明等人进行殴打，当即将孙承儒打倒在地，又殴打李明等人，张艳龙等人的行为属于对公民身体健康所实施的不法侵害。李明在突遭他人不法侵害时，为保护自身合法权益，被动地加入伤害事件中，在李明使用所携带的防范刀具展开防卫之时，张艳龙正在对其实施不法侵害行为，其另两名同伙又分别在殴打张斌和王海毅，不法侵害正在进行，张艳龙所受致命伤为刀伤，此伤亦形成于李明进行防卫的过程中。因此，依据《刑法》第20条第2款的规定，本案被告人的行为构成正当防卫。但是，张艳龙在对李明实施不法侵害时，并没有持凶器，而是徒手进行，李明却持刀对张艳龙连刺数刀，并在张艳龙停止侵害且身受重伤的情况下，继续追赶并踢打张艳龙，其行为明显超过了制止不法侵害所需要的必要限度，并最终直接造成张艳龙死亡的严重后果。因此，李明的防卫行为过当，依照刑法的规定，构成故意伤害罪，但是应当减轻处罚。

《办理家暴案件意见》

19. 准确认定对家庭暴力的正当防卫。为了使本人或者他人的人身权利免受不法侵害，对正在进行的家庭暴力采取制止行为，只要符合刑法规定的条件，就应当依法认定为正当防卫，不负刑事责任。防卫行为造成施暴人重伤、死亡，且明显超过必要限度，属于防卫过当，应当负刑事责任，但是应当减轻或者免除处罚。

认定防卫行为是否"明显超过必要限度"，应当以足以制止并使防卫人免受家庭暴力不法侵害的需要为标准，根据施暴人正在实施家庭暴力的严重程度、手段的残忍程度、防卫人所处的环境、面临的危险程度、采取的制止暴力的手段、造成施暴人重大损害的程度，以及既往家庭暴力的严重程度等进行综合判断。

《适用正当防卫指导意见》

9.准确界分防卫行为与相互斗殴。防卫行为与相互斗殴具有外观上的相似性，准确区分两者要坚持主客观相统一原则，通过综合考量案发起因、对冲突升级是否有过错、是否使用或者准备使用凶器、是否采用明显不相当的暴力、是否纠集他人参与打斗等客观情节，准确判断行为人的主观意图和行为性质。

因琐事发生争执，双方均不能保持克制而引发打斗，对于有过错的一方先动手且手段明显过激，或者一方先动手，在对方努力避免冲突的情况下仍继续侵害的，还击一方的行为一般应当认定为防卫行为。

双方因琐事发生冲突，冲突结束后，一方又实施不法侵害，对方还击，包括使用工具还击的，一般应当认定为防卫行为。不能仅因行为人事先进行防卫准备，就影响对其防卫意图的认定。

涉家庭暴力刑事案件裁判规则第 14 条：

家庭暴力引发"以暴制暴"刑事案件中，被害人实施家庭暴力的过错，应减轻受暴人亲友及其他受邀同案被告人的罪责

【规则描述】 家庭暴力引发"以暴制暴"刑事案件中的犯罪主体，除被告人（原受暴人）外，有时还包括被告人的亲友和其他受邀参与人员。追究上述人员的罪责时，应考虑被害人长期对被告人实施家庭暴力的前因，以及被告人犯罪动机的可宽恕性所体现出的较弱的人身危险性和社会危害性因素，减轻其罪责。

一、可供参考的例案

例案一：包某某故意伤害案（受暴人兄弟犯罪）

【法院】
山东省威海市环翠区人民法院

【案号】
一审：（2014）威环刑初字第 329 号

【控辩双方】
公诉机关：山东省威海市环翠区人民检察院
被告人：包某某

【基本案情】
2014 年 1 月 21 日 12 时许，在山东省威海市环翠区 ×× 镇某店内，被告人包某某因其姐夫王某某经常对其姐姐包某丽实施家庭暴力而与王某某发生冲突，将王某某的头部及肋骨处殴打致伤。经法医鉴定，被害人王某某所受损伤构成轻伤。

法院依照《刑法》第 234 条第 1 款、第 37 条，《刑事诉讼法》第 279 条，《刑事诉讼法司法解释》（2012 年）第 505 条第 1 款之规定，判决被告人包某某犯故意伤害罪，免予刑事处罚。

【案件争点】

被害人王某某对妻子包某丽经常实施家庭暴力，是包某丽弟弟即被告人包某某伤害被害人的直接原因，可否据此对被告人免除处罚？

【裁判要旨】

法院认为，被告人包某某故意非法损害他人身体健康，并致人轻伤，其行为已构成故意伤害罪。检察院指控被告人包某某犯故意伤害罪，事实清楚，证据确实、充分，法院予以支持。被告人包某某认罪、悔罪，且案发后对被害人进行了积极赔偿，取得了被害人的谅解，可酌情从轻处罚。综合全案，被害人王某某经常对其妻子包某丽实施家庭暴力是诱发被告人包某某故意伤害犯罪的直接原因，被告人包某某本次犯罪情节轻微，不需要判处刑罚，依法可免予刑事处罚。

例案二：蔡某某、吴某某故意杀人，富某某故意伤害案（受暴人及受邀人员犯罪）

【法院】

一审：广东省江门市中级人民法院

二审：广东省高级人民法院

【案号】

一审：（2014）江中法刑一初字第 52 号

二审：（2015）粤高法刑三终字第 180 号

【控辩双方】

原公诉机关：广东省江门市人民检察院

上诉人（原审被告人）：蔡某某、富某某

原审被告人：吴某某

【基本案情】

被告人蔡某某长期遭受其哥哥即被害人蔡某卫实施的家庭暴力，遂联系曾与自己有恋爱关系的被告人吴某某，商定由蔡某某出 1 万元给吴某某找人帮忙一起杀死蔡某卫，事后制造入室抢劫假象。吴某某曾于 2012 年上半年与蔡某某谈恋爱期间致蔡某某怀孕，蔡某卫不同意二人交往，蔡某某被迫做了人工流产。吴某某遂同意按蔡某某与其商定的计划杀死蔡某卫。吴某某随后联系被告人富某某，以去教训一名男子为由邀请富某某参与，并许诺事后向富某某支付报酬，富某某同意。2013年10月14日10时许，吴某某接蔡某某电话通知后，携带装有水果刀、手铐等作案工具的背包，与富某某会合后，再与蔡某某会合。蔡某某带吴某某、富某某到广东省台山市某处，蔡某某打开大门后离开，吴某某、富某某遂进入蔡某卫的房间，二人一起用手铐将正在床上睡觉的蔡某卫铐住。控制好蔡某卫后，富某某用手击打蔡某卫的脸部，吴某某则持水果刀外壳击打蔡某卫的背部。殴打一会儿后，吴某某让富某某先行离开。吴某某打开水果刀的外壳，持刀刃向蔡某卫的颈、胸、腹部捅刺多刀，并拿走蔡某卫的手机，制造入户抢劫假象后逃离现场。事后，吴某某给了富某某1000元。经法医鉴定，蔡某卫系被他人持锐器袭击致多脏器破裂造成失血性休克死亡。

一审法院依照《刑法》第232条、第234条第2款、第48条第1款、第26条第3款、第27条、第56条第1款、第57条第1款、第67条第3款、第36条，《刑事诉讼法司法解释》（2012年）第155条第2款，《民法通则》第119条、第130条，《最高人民法院关于审理人身损害赔偿案件适用法律若干问题的解释》第17条第3款、第27条之规定，认定被告人吴某某犯故意杀人罪，判处无期徒刑，剥夺政治权利终身；被告人蔡某某犯故意杀人罪，判处有期徒刑十一年，剥夺政治权利三年；被告人富某某犯故意伤害罪，判处有期徒刑四年。

蔡某某、富某某均不服判决，提出上诉。蔡某某及其辩护人提出：（1）原判定性错误，蔡某某应构成故意伤害罪；（2）故意杀人的法律后果由实施者吴某某个人承担。请求法院判处缓刑或较短刑期。富某某提出，其本人不应对故意伤害致人死亡的后果负责，只应对故意伤害致他人轻伤的后果负责，请求从轻处罚。

二审法院经审理，作出裁定：驳回上诉，维持原判。

【案件争点】

受暴人为了摆脱家庭暴力，邀他人共同行凶，施暴人（案件被害人）实施家庭暴力的过错可否减轻其他受邀行凶人员的罪责。

【裁判要旨】

二审法院认为，蔡某某不堪忍受被害人实施的家庭暴力，而产生杀死被害人的念头。之后，找来吴某某策划作案事宜，答应给予报酬，通知吴某某实施犯罪，打开现场房门，指使吴某某杀死被害人后制造抢劫假象，这有其多次供述及吴某某的指证证实，其否认故意杀人与事实不符，不足采信。其与吴某某共同犯罪，分工不同，行为均积极、主动，其二人均应承担被害人死亡的法律后果。富某某与吴某某共同制服被害人，并对被害人进行殴打。后其先行离开，见到吴某某继续对被害人实施暴力而没有理会，对危害结果的发生存在过失，对被害人死亡应负一定的责任。上诉人蔡某某、原审被告人吴某某无视国家法律，故意杀害他人，其行为均已构成故意杀人罪。上诉人富某某故意伤害他人身体，致一人死亡，其行为已构成故意伤害罪。在共同犯罪中，蔡某某、吴某某是主犯，应按照其所参与的全部犯罪处罚。富某某是从犯，可从轻或减轻处罚。鉴于本案中被害人存在重大过错，被害人家属对蔡某某予以谅解，吴某某、富某某能够如实供述自己的罪行，故可对蔡某某、吴某某从轻处罚，对富某某减轻处罚。

例案三：魏某炳等六人故意伤害案（受暴人亲友犯罪）

【法院】

一审：重庆市第一中级人民法院

二审：重庆市高级人民法院

【案号】

一审：（2013）渝一中法刑初字第00200号、第00220号

二审：（2014）渝高法刑终字第00133号、第00134号

【控辩双方】

抗诉机关：重庆市人民检察院第一分院

原审被告人：魏某炳、杨某琼、聂某、邹某某、叶某、杨某

【基本案情】

被告人杨某琼与被害人周某（男，殁年37岁）系再婚夫妻，被告人魏某炳系杨某琼的姐夫，被告人聂某为杨某琼提供租车服务。案发前，周某经常打骂杨某琼，杨某琼曾向公安机关、社区居委会等单位报案、求助，经多次调解无果。2013年3月24日上午，杨某琼得知周某拆卸了家用货车牌照，破坏了经营中家具厂的部分设备，叫聂某开车送她和魏某炳到家具厂，返回途中杨某琼和魏某炳商量让聂某喊几个人教训周某。聂某随即邀约了被告人叶某，叶某又邀约了被告人邹某某、杨某。杨某琼和魏某炳带领聂某等人前往周某位于重庆市沙坪坝区的住处，聂某、邹某某、叶某、杨某对周某进行两次殴打，致周某头部、身上多处受伤。聂某等人离开时收取了杨某琼的报酬5000元。当晚，杨某琼发现周某伤情严重即打120急救，21时

许，周某经抢救无效死亡。经鉴定，周某系被钝器打击致颅脑损伤死亡。案发后，杨某琼、杨某到公安机关投案并如实供述了犯罪事实。叶某到案后，配合公安机关抓获了邹某某。一审过程中，杨某琼赔偿了被害人亲属经济损失4万元，叶某赔偿了被害人亲属经济损失1万元，杨某赔偿了被害人亲属经济损失2万元。

一审法院依照《刑法》第234条第2款，第25条第1款，第26条第1款、第4款，第27条，第67条第1款、第3款，第68条，第56条第1款，第55条第1款，第64条之规定，以故意伤害罪，分别判处被告人杨某琼有期徒刑五年；被告人魏某炳有期徒刑三年；被告人聂某有期徒刑十二年，剥夺政治权利二年；被告人邹某某有期徒刑七年；被告人叶某有期徒刑四年；被告人杨某有期徒刑三年。

重庆市人民检察院第一分院不服，对被告人杨某琼、魏某炳提出抗诉。

二审法院经审理认为，一审法院根据各被告人的犯罪性质、情节及社会危害性，对各被告人的量刑适当，抗诉机关提出"一审法院对杨某琼、魏某炳量刑畸轻"的意见不能成立，故裁定驳回抗诉，维持原判。

【案件争点】

被害人周某对杨某琼长期实施家庭暴力，被害人的行为存在过错，可否减轻杨某琼以外其他共犯的罪责。

【裁判要旨】

二审法院认为，杨某琼邀他人共同故意伤害周某，在共同犯罪中起主要作用，系主犯。其具有自首情节，在一审期间赔偿了周某亲属部分经济损失，被害人周某的行为存在过错，对案件的发生有一定责任，故对杨某琼减轻处罚。魏某炳参与杨某琼邀约他人殴打周某，为聂某等人带路，将杨某琼给付的报酬转给聂某，其行为已构成故意伤害罪。魏某炳在共同犯罪中起辅助作用，系从犯。魏某炳与杨某琼及被害人周某系亲戚，关系较为紧密，魏某炳犯罪故意的形成一定程度上依附于杨某琼，周某的过错亦可部分减轻魏某炳的罪责。魏某炳未直接实施伤害行为，归案后能如实供述自己的犯罪事实，坦白认罪。综合前述情节，依法对魏某炳减轻处罚。聂某、邹某某、叶某、杨某等人均系直接或间接受邀约参与故意伤害周某，并收受报酬，故周某的过错不能减轻其他人的罪责。

二、裁判规则提要

（一）被害人（原施暴人）对被告人实施家庭暴力，是被告人及其亲友犯罪的前因，应给予刑法评价，认定构成刑法意义上的被害人过错

首先，被害人先前实施家庭暴力是被告人包括受暴人亲友及其他受邀人员实施犯罪的前因，二者之间具有刑法意义上的因果关系。受暴人的亲戚、朋友虽不是家庭暴力的直接受害人，但被害人常以亲友的安全要挟并控制受暴人，受暴人的亲友实际上也是施暴人针对的潜在受害人，其与施暴人之间具有利害相关性；受邀人员犯意的产生依附于受暴人，而受暴人杀害施暴人是为了保护自己，防止自己再次受到被害人家庭暴力的残害。因此，被告人的犯罪行为，并非因为其主观恶性，而是因被害人长期对受暴人实施家庭暴力而直接引发，二者存在引起与被引起的因果关系。比如，在例案三中，法院认定魏某炳与杨某琼及被害人周某系亲戚，关系较为紧密，魏某炳犯罪故意的形成一定程度上依附于杨某琼，以被害人存在过错为由，可以减轻魏某炳的罪责。

其次，施暴人长期实施家庭暴力的行为不是简单的不道德行为，而是明显故意违反法律规定的行为，是对共同生活的人员、社会、国家都带来严重危害的不法行为。家庭暴力具有隐蔽性、反复性等特征，其危害后果和平等主体、陌生人之间的暴力冲突不同。对受暴人来说，施暴人有时候不需要实施多么严重的身体暴力，即使是轻微的身体暴力，或者威胁，也能对其造成非常严重的精神伤害。对目睹或感知暴力的儿童来说，不仅身心受到伤害，而且容易从中习得暴力，并认为暴力是解决纠纷的唯一手段，从而使家庭暴力在上一代与下一代之间发生"遗传"。家庭暴力在没有外力的有效干预下，双方难以自行化解，极易走向"你死我亡"的境况，从而发生恶性事件，让社会付出代价。可以说，家庭暴力的危害后果超过了平等主体之间、陌生人之间的暴力冲突，已不属于轻微的过错，恰如例案二中法院所认定的，被害人（施暴人）蔡某卫存在重大过错，有必要给予刑法评价。

被害人过错在我国现行刑法体系中属于酌定量刑情节，被害人过错的认定影响被告人刑事责任以及民事责任的承担。根据以上分析，在受暴人的亲友或其他受邀人员杀害、伤害施暴人的案件中，被害人案发前长期对受暴人实施家庭暴力，应认定为刑法意义上的被害人过错。

（二）被告人的犯罪动机具有可宽恕性，其人身危险性和社会危害性较弱，刑事责任也必然更轻

行为背后的动机能够反映出行为人的主观恶性、人身危险性程度，出于卑劣抑或善的动机，社会对相应行为的谴责也会有所区别，故动机影响对某个行为是否构成犯罪、构成何种罪，以及如何量刑的评判。家庭暴力引发的"以暴制暴"刑事案件中，受暴人亲友或其他受邀人员犯罪是出于义愤、同情、友谊、亲情等动机，此时被告人的动机是善的，具有可宽恕性，相较于卑劣动机驱动下实施的暴力行为，反映出其主观恶性更小，社会危害性也更弱，反社会程度更低，公众对这种情形下的报应情绪也明显变弱，可谴责性较小，因此被告人相应承担的刑事责任也必然更轻。比如，在例案一中，被害人王某某经常对包某某的姐姐实施家庭暴力，被告人包某某因心疼姐姐而对王某某行凶，其犯罪动机是出于姐弟亲情，具有可宽恕性，故人民法院认为被告人包某某本次犯罪情节轻微，不需要判处刑罚，依法免予刑事处罚。

三、辅助信息

《刑法》

第二百三十二条　故意杀人的，处死刑、无期徒刑或者十年以上有期徒刑；情节较轻的，处三年以上十年以下有期徒刑。

第二百三十四条　故意伤害他人身体的，处三年以下有期徒刑、拘役或者管制。

犯前款罪，致人重伤的，处三年以上十年以下有期徒刑；致人死亡或者以特别残忍手段致人重伤造成严重残疾的，处十年以上有期徒刑、无期徒刑或者死刑。本法另有规定的，依照规定。

《维护农村稳定刑事审判纪要》

（一）关于故意杀人、故意伤害案件

要准确把握故意杀人犯罪适用死刑的标准。对故意杀人犯罪是否判处死刑，不仅要看是否造成了被害人死亡结果，还要综合考虑案件的全部情况。对于因婚姻家庭、邻里纠纷等民间矛盾激化引发的故意杀人犯罪，适用死刑一定要十

分慎重，应当与发生在社会上的严重危害社会治安的其他故意杀人犯罪案件有所区别。对于被害人一方有明显过错或对矛盾激化负有直接责任，或者被告人有法定从轻处罚情节的，一般不应判处死刑立即执行。

《办理家暴案件意见》

20.充分考虑案件中的防卫因素和过错责任。对于长期遭受家庭暴力后，在激愤、恐惧状态下为了防止再次遭受家庭暴力，或者为了摆脱家庭暴力而故意杀害、伤害施暴人，被告人的行为具有防卫因素，施暴人在案件起因上具有明显过错或者直接责任的，可以酌情从宽处罚。对于因遭受严重家庭暴力，身体、精神受到重大损害而故意杀害施暴人；或者因不堪忍受长期家庭暴力而故意杀害施暴人，犯罪情节不是特别恶劣，手段不是特别残忍的，可以认定为刑法第二百三十二条规定的故意杀人"情节较轻"。在服刑期间确有悔改表现的，可以根据其家庭情况，依法放宽减刑的幅度，缩短减刑的起始时间与间隔时间；符合假释条件的，应当假释。被杀害施暴人的近亲属表示谅解的，在量刑、减刑、假释时应当予以充分考虑。

涉家庭暴力刑事案件裁判规则第 15 条：
心理测评报告可以作为对性侵案件被告人定罪量刑的证据

【规则描述】 心理测评报告是指有专门知识的人出具的检验报告。这类报告可以在相当程度上反映性侵案件被害人所受心理伤害的严重程度，印证被害人陈述的真实性，因此可以作为对被告人定罪量刑的重要参考和证据使用。

一、可供参考的例案

例案一：曹某明、管某英强奸案（养母和情人犯罪）

【法院】

一审：福建省泉州市中级人民法院

二审：福建省高级人民法院

【案号】

一审：（2022）闽 05 刑初 57 号

二审：（2023）闽刑终 119 号

【控辩双方】

原公诉机关：福建省泉州市人民检察院

上诉人（原审被告人）：管某英

原审被告人：曹某明

【基本案情】

自 2020 年 7 月开始，被害人柳某某（女，2010 年 8 月 1 日出生）在福建省××市与养母即被告人管某英夫妇共同生活。管某英与婚外情人即被告人曹某明在明知被害人柳某某系未满 12 周岁的幼女的前提下，管某英应曹某明要求，自 2021 年 2 月至

2022年2月期间，利用自己与被害人柳某某共同生活且事实上具有照顾、保护柳某某等职责身份关系，采用殴打、胁迫等方式逼迫柳某某，使得曹某明在××市××镇××村××厂员工宿舍A栋×室、B栋×室内对被害人柳某某实施奸淫数十次。其中，曹某明多次当着被害人柳某某的面先与管某英发生性关系后当场奸淫柳某某，管某英多次要求被害人柳某某互拍与曹某明发生性关系的视频。经××市中医院检查，被害人柳某某外阴为已婚未产式；经某医院诊断及心理测评，被害人柳某某心理健康状态属重度心理异常，创伤后应激障碍显示高再体验、高回避、高警觉，医嘱为防自杀、自伤，进行心理治疗。

2022年2月10日9时许，公安民警在××市××镇××厂员工宿舍楼抓获管某英；次日11时许，公安民警在××市××镇××村卫生所附近一栋无人居住的民房内抓获原审被告人曹某明。

一审法院依照《刑法》第236条第2款、第3款第1项、第5项、第25条第1款、第48条、第55条、第56条、第57条、第67条第3款之规定，以强奸罪分别判处被告人曹某明死刑，缓期二年执行，剥夺政治权利终身；被告人管某英无期徒刑，剥夺政治权利终身。

本案宣判后，被告人管某英及其辩护人以管某英有坦白情节，其因认知局限、法律意识淡薄酿成大错，其自愿认罪认罚为由提出上诉，请求二审对管某英减轻处罚。

二审出庭检察员出庭意见：原判认定上诉人管某英、原审被告人曹某明犯强奸罪的犯罪事实清楚，证据确实、充分。原判定罪准确，量刑适当，审判程序合法。建议驳回上诉，维持原判。

二审法院经审理，作出裁定：驳回上诉，维持原判。

【案件争点】

心理测评结论是否可作为认定"造成幼女伤害"情形的依据。

【裁判要旨】

二审法院认为，医院门诊病历记载案发后柳某某有自杀念头、有自残等行为；医院的诊断及心理测评等分析报告证实本案造成柳某某重度心理异常，创伤后应激障碍显示高再体验、高回避、高警觉。以上专业机构及具有专门知识的人员，结合患者具体情况，运用医学原理、知识和方法等作出的专业性的诊断分析意见，应予采信。在案证据足以证实本案的发生对被害人柳某某三观、特别是性观念的影响极为恶劣，对其心理健康造成了严重伤害，具有造成幼女伤害的情节。

综合考虑本案犯罪的事实、性质、情节，对社会的危害程度及二被告人在共同犯罪中的地位、作用，结合曹某明有盗窃犯罪前科，无任何法定、酌定的从轻、减轻情节，管某英有坦白情节等，原判对曹某明、管某英的量刑并无明显不当。

例案二：张某生强奸案（亲生父亲犯罪）

【法院】

　　一审：广东省广州市黄埔区人民法院

　　二审：广东省广州市中级人民法院

【案号】

　　一审：（2019）粤0112刑初286号

　　二审：（2019）粤01刑终1562号

【控辩双方】

　　原公诉机关：广东省广州市黄埔区人民检察院

　　上诉人（原审被告人）：张某生

【基本案情】

　　被害人张某（案发时14周岁）系被告人张某生和严某某的婚生女儿。张某生与严某某离婚后，张某由严某某抚养。2018年6月，张某到张某生管理的公司上班，并居住在张某生的租住处。同年8月22日7时许，张某生借口天气热让女儿张某到其房间睡觉，趁机强行与张某发生性关系。当天中午，张某向证人刘某真哭诉，并将此事告知刘某真。同月25日凌晨，张某生再次强行与张某发生性关系。在此期间，张某生还多次猥亵张某的胸部和下体。严某某从刘某真处得知女儿被张某生强奸之后，多次联系张某，得知其具体地址后于2018年9月1日晚将女儿张某从张某生处接回。同月5日16时，严某某到派出所报案。同日17时20分，张某生主动到派出所投案。案发前，张某曾在手机微信朋友圈发过自己割腕的照片。

　　广东省广州市××区××社会工作服务中心出具的《社工服务报告书》，广州市××医院对被害人所做的心理测评显示：被害人张某有（重度）焦虑症状及（重度）抑郁症状。

　　一审法院依照《刑法》第236条第1款、第237条第1款、第69条、第67条、第62条、第61条之规定，认定被告人张某生犯强奸罪，判处有期徒刑六年，犯强制猥亵罪，判处有期徒刑二年，决定执行有期徒刑七年六个月。

　　一审宣判后，被告人张某生以一审量刑过重为由提出上诉。

二审法院经审理，作出裁定：驳回上诉，维持原判。

【案件争点】

心理测量报告能否作为对性侵案件被告人量刑的参考。

【裁判要旨】

一审法院认为，广州市××区××社会工作服务中心出具的《社工服务报告书》和广州市××心理医院出具的心理测评报告显示，本案造成被害人张某精神严重抑郁及严重焦虑，危害后果较大，应对被告人从重处罚。

二、裁判规则提要

（一）心理测评可以印证被害人陈述的真实性，对被告人定罪提供辅助参考

对性侵犯罪的定罪，关键考量因素在于看是否违背被害人当时的真实意愿，而真实意愿属于心理层面的概念，几乎不可能有视频、音频等载体来呈现或证明。在现实案例中，也存在部分当事人在事后基于金钱、声誉或担心被处罚而作出与当时心理状态完全不符的陈述，从而将双方性关系的性质导入两种截然不同的结论和后果中。在被告人和被害人各执一词的情况下，法官作为法律界人士，很难判断真伪。

但是，临床心理治疗实践和研究发现，未成年人被性侵后，会在生理、情绪和行为方面出现异常现象，这在国内外心理治疗领域早已形成共识。比如，在生理方面，可能胃口变差，入睡变难，噩梦常现；在情绪方面，可能失去安全感，突然无法集中注意力，人际交往退缩，变得冷漠，上学迟到或旷课，学习成绩突然下降，经常情绪低落或者抑郁、易怒和低自尊；在行为方面，可能变得对性过度好奇，绘画或者游戏中出现性主题，聊天中出现超越年龄的性话题，自杀或自伤，甚至出现强迫性行为，比如反复洗手等。[①] 这些异常使心理测量或心理评估工具得以将其量化。

心理测评是依据一定的心理学理论，使用一定的操作程序，给个体的能力、人格和心理健康等心理特性和行为确定出一种数量化价值的方法。由有专门知识的人或机构出具的心理测评报告，具有科学性，能分析和量化被害人在案发当时及后续的真实心理状态，印证被害人陈述的可信度。比如，在例案二中，被害人事发后出现割腕行为，结合有专门知识的人出具的关于被害人心理状况的心理测评报告，可

---

① 台湾（地区）内政部家庭暴力及性侵防治委员会编，《性侵害防治工作人员服务手册》，2006年出版，第A30-32页。

以判断被害人关于自己的特定情绪、情感困扰和痛苦体验的陈述是否具有真实性，得出其与被告人发生性关系并非自愿，而是在受胁迫的情况下发生的结论，从而可以将心理测评报告作为给被告人定罪的一个辅助参考。

(二) 心理测评报告可以作为对被告人量刑的重要参考

家庭成员之间的性侵害行为往往伴随着身体和心理双重伤害。心理伤害肉眼看不见、摸不着。如果性侵来自养育者，其作为养育者和性侵者的双重身份，对未成年被害人的心理健康和人格发展进程会造成双重打击。原因在于，与动物幼崽不同，人类幼童出生后相当长的一段时间内都无法独自生存，必须信任和依赖家长的照顾和保护。当承担照顾和安全保护义务的家长背叛孩子的信任，成为性侵者时，就会破坏孩子对家长的安全依恋，产生影响孩子一生的背叛创伤，[①]使儿童在这一年龄段需要完成的人格发展的正常进程受到阻滞。被害人因此会出现一些生理和心理方面的问题，后者比如抑郁、焦虑、解离症、创伤后应激障碍，甚至不同程度的人格障碍等。

创伤是很个人化的。不同的遗传倾向、气质和原生家庭成长环境，使不同的人承受创伤的能力不同，受到负面影响的范围和严重程度也不同。即使是外在情况相似的性侵行为，给甲造成的心理创伤，与给乙造成的心理创伤，可能也是很不同的。来自陌生人的性侵，和来自本该给孩子提供关爱和安全保护的家长的性侵，给未成年人造成的心理伤害的严重程度更是不同。根据精神分析理论和临床实践，未成年被害人被性侵的年龄越小，承受创伤的能力越弱，受到创伤影响的程度就越深，上述症状的范围和程度就会越严重。例案一中的被害人，被性侵时年仅10岁，多次被养母的情人性侵到底对她的心理影响有多严重，法官作为非心理学专业人士，很难作出科学的判断。心理专业人士所做的心理测评可以较好地量化被害幼女受到的心理伤害，较全面地呈现被告人的行为给被害人造成心理创伤的严重程度，因此可以成为法官据以自由裁量的关键参考。既使得性侵被告人为自己的犯罪行为承担应有的法律责任，也为被害人和社会提供更高质量的公平正义。

---

① [美] 詹妮弗·弗尔德、帕梅拉·比勒尔：《看不见的背叛：爱与痛的挣扎与疗愈》，北京联合出版社2016年版，第150~151页。

三、辅助信息

《刑法》

第六十一条　对于犯罪分子决定刑罚的时候，应当根据犯罪的事实、犯罪的性质、情节和对于社会的危害程度，依照本法的有关规定判处。

第二百三十六条　以暴力、胁迫或者其他手段强奸妇女的，处三年以上十年以下有期徒刑。

奸淫不满十四周岁的幼女的，以强奸论，从重处罚。

强奸妇女、奸淫幼女，有下列情形之一的，处十年以上有期徒刑、无期徒刑或者死刑：

（一）强奸妇女、奸淫幼女情节恶劣的；

（二）强奸妇女、奸淫幼女多人的；

（三）在公共场所当众强奸妇女、奸淫幼女的；

（四）二人以上轮奸的；

（五）奸淫不满十周岁的幼女或者造成幼女伤害的；

（六）致使被害人重伤、死亡或者造成其他严重后果的。

第二百三十七条　以暴力、胁迫或者其他方法强制猥亵他人或者侮辱妇女的，处五年以下有期徒刑或者拘役。

聚众或者在公共场所当众犯前款罪的，或者有其他恶劣情节的，处五年以上有期徒刑。

猥亵儿童的，处五年以下有期徒刑；有下列情形之一的，处五年以上有期徒刑：

（一）猥亵儿童多人或者多次的；

（二）聚众猥亵儿童的，或者在公共场所当众猥亵儿童，情节恶劣的；

（三）造成儿童伤害或者其他严重后果的；

（四）猥亵手段恶劣或者有其他恶劣情节的。

《刑事诉讼法司法解释》（2021年）

第一百条　因无鉴定机构，或者根据法律、司法解释的规定，指派、聘请有专门知识的人就案件的专门性问题出具的报告，可以作为证据使用。

对前款规定的报告的审查与认定，参照适用本节的有关规定。

经人民法院通知，出具报告的人拒不出庭作证的，有关报告不得作为定案的根据。

《办理强奸、猥亵未成年人案件解释》

第二条 强奸已满十四周岁的未成年女性或者奸淫幼女，具有下列情形之一的，应当认定为刑法第二百三十六条第三款第一项规定的"强奸妇女、奸淫幼女情节恶劣"：

（一）负有特殊职责的人员多次实施强奸、奸淫的；

（二）有严重摧残、凌辱行为的；

（三）非法拘禁或者利用毒品诱骗、控制被害人的；

（四）多次利用其他未成年人诱骗、介绍、胁迫被害人的；

（五）长期实施强奸、奸淫的；

（六）奸淫精神发育迟滞的被害人致使怀孕的；

（七）对强奸、奸淫过程或者被害人身体隐私部位制作视频、照片等影像资料，以此胁迫对被害人实施强奸、奸淫，或者致使影像资料向多人传播，暴露被害人身份的；

（八）其他情节恶劣的情形。

第三条 奸淫幼女，具有下列情形之一的，应当认定为刑法第二百三十六条第三款第五项规定的"造成幼女伤害"：

（一）致使幼女轻伤的；

（二）致使幼女患梅毒、淋病等严重性病的；

（三）对幼女身心健康造成其他伤害的情形。

涉家庭暴力刑事案件裁判规则第 16 条：

"一对一"证据体系的性侵害家庭成员案件，被害人所作符合逻辑和经验法则的陈述可以作为认定案件事实的关键证据

【规则描述】　　性侵害家庭成员的犯罪案件，被告人拒不供认或翻供致证据体系"一对一"时，对案件来源和揭发过程符合常情常理，取证程序符合法律规范，陈述内容符合认知、记忆和表达能力的被害人陈述，法院应当采信并作为认定性侵事实的关键证据。

一、可供参考的例案

例案一：钱某某强奸案（亲生父亲犯罪）

【法院】
　　一审：北京市房山区人民法院
　　二审：北京市第二中级人民法院

【案号】
　　一审：（2020）京 0111 刑初 255 号
　　二审：（2020）京 02 刑终 574 号

【控辩双方】
　　原公诉机关：北京市房山区人民检察院
　　上诉人（原审被告人）：钱某某

【基本案情】
　　被告人钱某某与被害人钱某（女，13 岁）系父女关系。2019 年 7 月的一天晚上，钱某某在北京市房山区自家二楼钱某房间内，采用按压手段强行亲吻钱某，并欲与

钱某发生性关系，双方生殖器已经接触，因钱某反抗而未插入。后钱某某强迫钱某为其口淫。

2019年9月29日晚上，钱某某在北京市房山区自家二楼钱某房间内，用棍棒殴打钱某，逼迫钱某脱掉衣裤，后强行摸钱某的阴部、胸部，并欲与钱某发生性关系，双方生殖器已经接触，因钱某反抗而未插入。后钱某某强迫钱某为其口淫。

一审法院依照《刑法》第236条之规定，以强奸罪判处被告人钱某某有期徒刑六年。

钱某某上诉提出，原判据以认定性器官接触这一事实的唯一证据是被害人陈述，而被害人陈述中对多个案件关键事实前后不一，相互矛盾，不应采信。原判认定事实不清，缺乏证据，其没有对钱某实施强奸行为。

二审法院经审理，作出裁定：驳回上诉，维持原判。

【案件争点】

被告人承认猥亵亲生女儿，但辩称未实施强奸，而认定"性器官接触"事实的关键证据仅有被害人陈述时，能否定案。

【裁判要旨】

二审法院认为，被害人钱某作为13周岁的幼女，已经具有与其年龄相适应的认知能力，被害人陈述完整，表达顺畅，陈述内容合乎情理、逻辑，对于案发经过的细节描述符合其认知和表达能力，对案件基本事实和主要情节的描述稳定，对部分案发经过细节的记忆模糊，亦符合其年龄特征及一般记忆规律，且本案案发及报案过程自然，被害人陈述能够与在案的证人王某某证言、微信聊天记录截图及钱某某的部分供述相印证。钱某某对于微信聊天记录的内容无法作出合理解释，且聊天内容严重违背社会伦理道德，结合双方关系可以排除诬告陷害的可能，故对被害人陈述应当予以采纳。

例案二：冯某某强奸案（亲生父亲犯罪）

【法院】

一审：河南省新野县人民法院

二审：河南省南阳市中级人民法院

【案号】

一审：（2019）豫1329刑初567号

二审：（2020）豫13刑终102号

【控辩双方】

原公诉机关：河南省新野县人民检察院

上诉人（原审被告人）：冯某某

【基本案情】

2015年夏至2017年6月，在河南省新野县××镇被告人冯某某先后租住的三处出租屋中，冯某某趁家中无其他人之机，采取强拽内裤、按压手臂、殴打、恐吓等方式，强行和自己的亲生女儿即被害人冯某（2004年6月26日出生）多次发生性关系。

2017年5月的一天晚上，被告人冯某某在江苏省苏州市某工业园一出租屋中，强行和冯某发生性关系。

2017年到案发期间，被告人冯某某在河南省南阳市汽车站附近一旅馆内多次强行和冯某发生性关系。

2017年6月21日至6月26日，被告人冯某某在江苏省徐州市睢宁县一出租屋中，多次强行和冯某发生性关系。冯某通过微信将被强奸的事情告知其母亲孙某某，孙某某赶到睢宁县将冯某偷偷带到湖北省××市孙某某娘家躲藏。

另查明冯某某还犯有重婚事实。

一审法院依照《刑法》第236条第1款、第2款，第258条；《惩治性侵未成年人犯罪意见》第25条之规定，以强奸罪判处被告人冯某某有期徒刑十四年，剥夺政治权利五年，与所犯重婚罪并罚，决定执行有期徒刑十五年，剥夺政治权利五年。

冯某某上诉提出，自己并未强奸冯某，是前妻孙某某和自己有矛盾，编造强奸的事陷害自己。

二审法院经审理，作出裁定：驳回上诉，维持原判。

【案件争点】

被告人自始否认强奸事实，证明关键事实的唯一直接证据是未成年被害人陈述的，能否定案。

【裁判要旨】

二审法院认为，被害人冯某的陈述证实冯某某强行与自己发生性关系的时间、地点以及经过，孙某某等多名证人证言以及微信聊天截图证实被害人冯某向上述证人陈述被冯某某强奸的经过，物证鉴定书证实被害人冯某处女膜陈旧性裂伤，另有被害人冯某受伤照片、辨认笔录、搜查笔录、现场勘验笔录等证据，足以证实冯某某违背妇女意志，采取暴力、威胁等手段多次与不满14周岁的亲生女儿冯某发生性关系的事实。

例案三：王某强奸案（亲生儿子犯罪）

【法院】

吉林省公主岭市人民法院

【案号】

一审：（2017）吉 0381 刑初 218 号

【控辩双方】

公诉机关：吉林省公主岭市人民检察院

被告人：王某

【基本案情】

2016年9月中旬至2016年10月11日间，被告人王某多次对其母亲管某某实施辱骂、殴打行为，并在公主岭市某某镇某某村自家的东屋炕上，先后六次以胁迫手段强行与其母亲管某某发生性关系。2016年10月14日，被告人王某被公主岭市公安民警抓获归案。

法院依照《刑法》第236条第1款之规定，以强奸罪判处被告人王某有期徒刑七年。

【案件争点】

被告人自始否认强奸事实，证明关键事实的唯一直接证据是其母亲即74岁的被害人管某某的陈述，能否定案。

【裁判要旨】

法院认为，本案的破获过程真实、自然。案发前，被害人一直与大儿子即被告人王某在东屋居住，之后突然搬到西屋与二儿子居住，并告知二儿子（王某二）其被王某强奸的事实，王某二又将此事告知姐妹（王某三），管某某也向王某三陈述了相同的事实，管某某遂于2016年10月14日到公安机关报案。虽然被害人报案时距案发已时隔数天，无相应DNA检测，但是考虑到被害人担心王某知晓此事后会再次对其打骂，故未在案发第一时间告发合乎情理。案发时被害人已74周岁，具备正常的感知、记忆和表达能力，无论是生理上还是精神上都具备完整的辨别是非和正确表达的能力，能够知晓作伪证、诬陷他人的严重性和法律后果，且与被告人又系母子关系，被害人冒着影响名誉的风险，向公安机关揭发被告人的犯罪事实，其陈述的真实可靠程度较高。另外，门诊病历显示被害人外阴充血，亦从侧面证明了被害人陈述的真实性。以上证据足以证实被告人强奸事实。

二、裁判规则提要

（一）案件来源和揭发过程符合常情常理

性侵害案件的来源和揭发过程历来是审查的重点。判断案件来源和揭发过程是否符合常情常理，一般情况下，主要围绕以下几方面展开：一是被害人遭受侵害后，是否第一时间选择报案，如未及时报案的是否有合理解释；二是被害人是否自愿报案，积极配合侦查；三是有无证据或线索反映存在诬告陷害的可能，被害人是否存在其他非法动机。

但是，发生于家庭成员之间的性侵害案件比较特殊，被害人因受"家丑不可外扬"等观念影响而选择不报案或者不能及时报案，甚至过了很长时间才向亲属、朋友等周边人倾诉的情况较为普遍。得知事态后的被害人亲友可能鼓励被害人报案、代为报案，也可能受传统贞操思想影响而劝说被害人顾全名节而不要报案。在未成年人遭受侵害的情况下，被害人因为缺乏独立的谋生手段，体力又相对较弱，反抗意识和反抗能力有限，屈从的情况很常见，致使犯罪难以被发现。因此，发生于家庭成员之间的性侵害案件通常十分隐蔽，持续时间长，发现困难。办理案件时，要充分考虑家庭内性侵害案件的特殊性，不能以没有第一时间报案，或被害人不愿报案、没有亲自报案，即认为案件来源和揭发过程不正常，或仅以被告人和被害人、报案人之间日常的、一般性的矛盾，就怀疑报案动机。比如，在例案一和例案三中，被告人均辩称自己未实施强奸，但无法合理辩解亲生女儿、亲生母亲报案的动机；而在例案二中，被告人虽辩称是前妻出于报复而唆使女儿报案，但考虑到前妻即被害人生母，身为母亲，不顾社会压力，不惜以牺牲未成年子女的利益为代价去构陷子女的生父，明显违背常理。上述三个例案的案件来源和揭发过程均符合常情常理。

（二）被害人陈述的取证程序符合法律规范

办理"一对一"证据体系的性侵害家庭成员案件时，被害人陈述是据以定案的关键证据的，应当重点审查取证程序是否符合法律规范。

根据《刑事诉讼法》及相关司法解释的规定，采用暴力、威胁等非法方法收集的证人证言、被害人陈述，属于非法证据，应当予以排除。询问被害人应当单独进行；应当为聋、哑被害人提供通晓聋、哑手势人员；为不通晓当地通用语言、文字的被害人提供翻译；否则相应陈述不得作为定案的根据。上述规定均应予严格执行。

同时，《刑事诉讼法司法解释》（2021年）第555条、第556条对遭受性侵害案件的未成年被害人的取证工作，又规定了以下特殊要求：一是询问未成年被害人时，应当通知未成年被害人的法定代理人到场，法定代理人无法通知、不能到场的，也可以通知合适成年人到场，并将相关情况记录在案；[1] 二是询问未成年被害人时，应当采取同步录音录像等措施；三是询问女性被害人的，应当由女性工作人员进行。

案件办理过程中，要充分考虑上述程序规定的立法目的：询问未成年人时要求适格成年人到场，是为了保证取证规范化和陈述真实性；要求同步录音录像和由女性工作人员进行，则是依照《未成年人保护法》第112条的规定，尽量避免侦查活动的重复进行导致未成年被害人的创伤记忆被唤起，以及由男性侦查人员进行询问可能使未成年被害人羞于提及被侵害过程，以及由于询问方式方法不合适可能对未成年被害人造成二次伤害。如果仅仅是取证程序不符合相关规定，属于程序瑕疵，应当要求取证机关补正或作出合理解释。人民法院经审查能够确认陈述真实的，应采信未成年被害人陈述。只有在发现取证机关存在采用暴力、威胁等方法收集被害人陈述的，才应认定为非法证据予以排除。

（三）被害人陈述符合其认知、记忆和表达能力

被害人陈述是否符合其认知、记忆和表达能力，是判断被害人陈述是否真实可信的一项重要依据。针对身体发育和精神状态正常的未成年被害人，作证时的年龄直接影响其认知、记忆和表达能力。

年幼的被害人，描述事实时往往会使用大量童言，比如对私密处会用"尿尿的地方"表述，但对事实细节又无法做到深刻、稳定的记忆和表述；因此，办理性侵家庭成员案件时，对被害人陈述的真实性审查，应当结合具体情况进行分析。只要未成年被害人关于自己被性侵害的陈述是稳定的，符合这个年龄段未成年人心理发展和大脑发育程度所具有的认知、记忆和表达能力的，不能因为某些细节有出入和

---

[1] 《办理性侵害未成年人案件意见》第23条第1款规定："询问未成年被害人，应当选择'一站式'取证场所、未成年人住所或者其他让未成年人心理上感到安全的场所进行，并通知法定代理人到场。法定代理人不能到场或者不宜到场的，应当通知其他合适成年人到场，并将相关情况记录在案。"

反复，即认定其陈述不可信。例案一、例案二中，未成年被害人关于案件基本事实经过的陈述前后稳定，陈述内容符合其所在年龄段的未成年人普遍具有的感知、记忆和表达能力，促使法院最终采信。

三、辅助信息

《刑法》

　　第二百三十六条　以暴力、胁迫或者其他手段强奸妇女的，处三年以上十年以下有期徒刑。

　　奸淫不满十四周岁的幼女的，以强奸论，从重处罚。

　　强奸妇女、奸淫幼女，有下列情形之一的，处十年以上有期徒刑、无期徒刑或者死刑：

　　（一）强奸妇女、奸淫幼女情节恶劣的；

　　（二）强奸妇女、奸淫幼女多人的；

　　（三）在公共场所当众强奸妇女、奸淫幼女的；

　　（四）二人以上轮奸的；

　　（五）奸淫不满十周岁的幼女或者造成幼女伤害的；

　　（六）致使被害人重伤、死亡或者造成其他严重后果的。

《未成年人保护法》

　　第一百一十二条　公安机关、人民检察院、人民法院办理未成年人遭受性侵害或者暴力伤害案件，在询问未成年被害人、证人时，应当采取同步录音录像等措施，尽量一次完成；未成年被害人、证人是女性的，应当由女性工作人员进行。

《刑事诉讼法》

　　第五十六条　采用刑讯逼供等非法方法收集的犯罪嫌疑人、被告人供述和采用暴力、威胁等非法方法收集的证人证言、被害人陈述，应当予以排除。收集物证、书证不符合法定程序，可能严重影响司法公正的，应当予以补正或者作出合理解释；不能补正或者作出合理解释的，对该证据应当予以排除。

　　在侦查、审查起诉、审判时发现有应当排除的证据的，应当依法予以排除，不得作为起诉意见、起诉决定和判决的依据。

《刑事诉讼法司法解释》（2021年）

第五百五十五条　人民法院审理未成年人刑事案件，在讯问和开庭时，应当通知未成年被告人的法定代理人到场。法定代理人无法通知、不能到场或者是共犯的，也可以通知合适成年人到场，并将有关情况记录在案。

到场的法定代理人或者其他人员，除依法行使刑事诉讼法第二百八十一条第二款规定的权利外，经法庭同意，可以参与对未成年被告人的法庭教育等工作。

适用简易程序审理未成年人刑事案件，适用前两款规定。

第五百五十六条　询问未成年被害人、证人，适用前条规定。

审理未成年人遭受性侵害或者暴力伤害案件，在询问未成年被害人、证人时，应当采取同步录音录像等措施，尽量一次完成；未成年被害人、证人是女性的，应当由女性工作人员进行。

《办理性侵害未成年人案件意见》

第二十三条第一款　询问未成年被害人，应当选择"一站式"取证场所、未成年人住所或者其他让未成年人心理上感到安全的场所进行，并通知法定代理人到场。法定代理人不能到场或者不宜到场的，应当通知其他合适成年人到场，并将相关情况记录在案。

第二十九条　认定性侵害未成年人犯罪，应当坚持事实清楚，证据确实、充分，排除合理怀疑的证明标准。对案件事实的认定要立足证据，结合经验常识，考虑性侵害案件的特殊性和未成年人的身心特点，准确理解和把握证明标准。

第三十条　对未成年被害人陈述，应当着重审查陈述形成的时间、背景，被害人年龄、认知、记忆和表达能力，生理和精神状态是否影响陈述的自愿性、完整性，陈述与其他证据之间能否相互印证，有无矛盾。

低龄未成年人对被侵害细节前后陈述存在不一致的，应当考虑其身心特点，综合判断其陈述的主要事实是否客观、真实。

未成年被害人陈述了与犯罪嫌疑人、被告人或者性侵害事实相关的非亲历不可知的细节，并且可以排除指证、诱证、诬告、陷害可能的，一般应当采信。

未成年被害人询问笔录记载的内容与询问同步录音录像记载的内容不一致的，应当结合同步录音录像记载准确客观认定。

对未成年证人证言的审查判断，依照本条前四款规定进行。

涉家庭暴力刑事案件裁判规则第 17 条：

有共同家庭生活关系的人员利用优势地位或者被害人孤立无援境地与已满 14 周岁的未成年女性发生性关系的，应认定违背未成年人性意志

【规则描述】　　与未成年女性长期或稳定共同生活，并形成一种固定的家庭成员之间关系的，即便不具有法定监护、收养关系，亦应当认定是与未成年女性"有共同家庭生活关系的人员"。除非有充分证据证实被害人完全自愿，而不是出于经济依附、物质引诱等原因，有共同家庭生活关系的人员与已满 14 周岁的未成年女性发生性关系，均应认定其利用优势地位或被害人孤立无援的境地，构成强奸罪。即使是已满 14 周岁未满 16 周岁的未成年女性确实是自愿与其发生性关系的情况下，也应以负有照护职责人员性侵罪定罪处罚。

一、可供参考的例案

例案一：戴某某强奸案（母亲的同居男友犯罪）

【法院】
　　湖南省长沙市中级人民法院
【案号】
　　一审：（2022）湘 01 刑初 49 号
【控辩双方】
　　公诉机关：湖南省长沙市人民检察院
　　被告人：戴某某

【基本案情】

被告人戴某某系被害人陈某娟（女，2004年10月出生）母亲的同居男友。自2018年2月起，戴某某与被害人陈某娟及其母亲吕某某在湖南省××市××镇吕某某家中共同居住生活。2018年4月至2021年8月间，被告人戴某某利用其优势地位迫使、以金钱财物引诱等方式，多次与被害人陈某娟发生性关系，并造成被害人怀孕等严重后果。具体事实如下：

2018年4月左右的一天，被告人戴某某趁其与被害人陈某娟单独在家之机，以给被害人陈某娟玩手机作为引诱，采取用生殖器在被害人陈某娟外阴部摩擦的方式对其实施奸淫。而后，被告人戴某某又多次趁被害人陈某娟放假在家之机，采取相同方式对其实施奸淫。

2019年上半年的一天，被告人戴某某以不给手机玩为由迫使被害人陈某娟就范，采取将生殖器插入被害人陈某娟阴道的方式对其实施奸淫。之后，被告人戴某某又多次以不给手机玩、不给钱用相威胁，强行与陈某娟发生性关系。

2021年8月暑假的一天，被告人戴某某趁被害人陈某娟一人在家，将陈某娟拖至自己的卧室，采取身体强制的方式强行将生殖器插入被害人陈某娟的阴道并射精。

2021年9月的一天，被告人戴某某再次趁被害人陈某娟一人在家，将陈某娟拖至自己的卧室，采取身体强制的方式强行将生殖器插入被害人陈某娟的阴道并射精。

2022年2月7日，被害人陈某娟发现自己怀孕，在其姐姐的陪同下向公安机关报案。公安民警于次日将被告人戴某某抓获到案。2022年2月12日，被害人陈某娟经引产顺娩下一已满26周的死胎。经法医学鉴定，戴某某系送检胎儿的生物学父亲。

湖南省长沙市人民检察院认为，被告人戴某某作为与未成年人共同家庭生活的人员，多次奸淫幼女、强奸妇女，情节恶劣，并造成被害人怀孕引产的严重后果，应当以强奸罪追究其刑事责任。

被告人戴某某辩称，其对公诉机关指控的事实和罪名均没有异议，其之前未曾问过被害人年龄。

戴某某的辩护人提出，戴某某没有殴打被害人；第二节强奸事实中，戴某某是以不给手机玩为由与被害人发生性关系，不给手机玩并不会造成被害人不知反抗、不能反抗、不敢反抗，未达到"被害人孤立无援的境地、迫使被害人就范"的程度，与强奸罪所要求的胁迫程度存在明显差别，不宜认定为其他与暴力、胁迫等同的手段；既然认定被告人与被害人一起共同家庭生活，具有事实上的继父女关系，对被害人具有临时监护的责任，对戴某某的行为应评价为《刑法修正案（十一）》新增的负有照护职责人员性侵罪。结合戴某某坦白罪行，自愿认罪认罚，多次表示愿意赔偿被害人，系初犯偶犯等量刑情节，建议从轻处罚。

法院依照《刑法》第236条第2款、第3款第1项，第57条，第67条，第61条；《刑事诉讼法》第200条之规定，以强奸罪，判处被告人戴某某无期徒刑，剥夺政治权利终身。

【案件争点】

长期共同生活的母亲男友，以不给手机玩等为要挟对已满14周岁的未成年女性实施性侵的，能否认定违背妇女意志，构成强奸罪。

【裁判要旨】

法院认为，被告人戴某某在与被害人陈某娟共同生活期间，利用其在生活中形成的优势地位，采取金钱财物引诱、要挟、威胁及身体压制等方式，多次与被害人陈某娟发生性关系，并造成被害人陈某娟怀孕、被迫引产的严重后果，情节恶劣，其行为构成强奸罪。被害人陈某娟出生于2004年10月，被告人戴某某在2018年10月之前与被害人陈某娟发生性关系的行为，属于奸淫不满14周岁的幼女，应当从重处罚；被告人戴某某在2018年10月之后强行与被害人陈某娟发生性关系的行为，属于强奸未成年人，应当从重处罚。被告人戴某某的行为导致被害人陈某娟怀孕并被迫引产，属于情节恶劣。被告人戴某某虽然没有殴打被害人陈某娟，但其以被害人陈某娟母亲男友的身份与被害人陈某娟及其母亲共同生活，与被害人陈某娟之间形成了事实上的继父女关系，在生活中具有明显的优势地位。按照正常社会伦理，戴某某应当履行其作为被害人陈某娟事实上的监护人职责，但其不仅没有履行作为监护人的职责，反而利用这种身份关系，对被害人陈某娟实施性侵害，其犯罪动机非常卑劣。被害人陈某娟自幼丧父，生性胆小怯懦，面对被告人戴某某作为类似监护人的优势地位，完全没有反抗的心智、意识和能力。因此，被告人戴某某不需要使用暴力，只要利用其优势地位，再加以金钱财物引诱、要挟等方式，就足以排除被害人陈某娟的反抗。正因如此，被害人陈某娟被戴某某性侵多次，都不知道如何拒绝和反抗，也不知道如何向他人控诉和寻求帮助，可以推知被害人陈某娟被多次性侵害的过程中处于何种孤立无援、无处可逃的境地。辩护人关于被告人的胁迫手段未达到刑法意义上"胁迫"的程度的辩护理由不能成立。被告人戴某某与被害人陈某娟存在类似监护关系的共同生活关系，但其不构成负有照护职责人员性侵罪。负有照护职责人员性侵罪的适用是双方自愿发生性行为的情况下，将被害人的性同意年龄由14周岁提高到16周岁。本案中被告人戴某某在被害人陈某娟年满14周岁以后，采取身体压制的手段强行与被害人陈某娟发生性关系，应当认定为强奸罪，而不是负有照护职责人员性侵罪。

例案二：岑某某、方某猥亵儿童、强奸案（姑父姑母犯罪）

【法院】

浙江省宁波市北仑区人民法院

【案号】

一审：（2019）浙0206刑初764号

【控辩双方】

公诉机关：浙江省宁波市北仑区人民检察院

被告人：岑某某、方某

【基本案情】

2018年9月，被害人方某某（女，2005年2月6日出生）跟随姑父被告人岑某某、姑姑被告人方某从老家至宁波市北仑区共同居住。同年9月至10月间，被告人岑某某、方某在北仑区小港街道暂住房内，多次以让方某某为岑某某按摩生殖器等身体部位的方式进行猥亵。同年10月的一天晚上，被告人岑某某、方某在暂住房内先让方某某为岑某某按摩生殖器，后在方某某在场的情况下，岑某某和方某发生了性关系。之后被告人方某脱掉方某某的衣裤，并掰开其双腿，协助被告人岑某某与被害人方某某发生了性关系。此后至2019年6月4日期间，被告人岑某某趁妻子方某不在家之机，多次与方某某发生性关系。

被告人岑某某辩称，被害人系自愿与其发生性关系。岑某某的辩护人提出，被告人并未使用暴力、胁迫等手段，被害人系自愿与被告人发生性关系。对于被害人已满14周岁以后发生性关系的，不应再认定为强奸。

被告人方某对指控的事实和罪名无异议。

法院依照《刑法》第236条第1款、第2款，第237条第1款、第3款，第25条第1款，第26条第1款、第4款，第27条，第67条第3款，第69条第1款之规定，以强奸罪、猥亵儿童罪数罪并罚，分别判处被告人岑某某有期徒刑十一年六个月，被告人方某有期徒刑四年六个月。

【案件争点】

共同生活的姑父与未成年侄女发生性关系时，未使用明显暴力、胁迫手段的，能否认定违背妇女意志，构成强奸罪。

【裁判要旨】

法院认为，被告人岑某某与被害人首次发生性关系时被害人系未满14周岁的幼女，又有共同家庭生活关系，其虽未使用明显暴力、胁迫手段，但利用其优势地位多次与被害人发生性关系，且相关事实发生在被害人年满14周岁前后，其行为应以强奸罪定罪处罚并从严惩处。辩方提出部分强奸事实不成立，不能证明违背妇女意志的辩护意见，法院不予采纳。

例案三：徐某松猥亵儿童、强奸案（继父犯罪）

【法院】

浙江省开化县人民法院

【案号】

一审：（2020）浙0824刑初80号

【控辩双方】

公诉机关：浙江省开化县人民检察院

被告人：徐某松

【基本案情】

被告人徐某松与被害人刘某菊（女，2005年12月3日出生）的母亲张某于2017年2月结婚，三人共同租住在开化县××镇一出租房。2019年上半年的一天下午，在该出租房内，徐某松和刘某菊单独相处时，徐某松趁机从背后环抱刘某菊手臂，以抚摸其胸部的方式对刘某菊进行猥亵。2020年1月下旬的一天下午，徐某松到该出租房刘某菊房间找电脑，趁和刘某菊争抢电脑之机，强行将手伸进刘某菊衣服内抚摸刘某菊胸部几分钟，刘某菊用力反抗未能挣脱。2020年1月25日19时许，刘某菊在其家中二楼客厅玩手机，徐某松饮酒后趁机将刘某菊强拉进卧室内对刘某菊实施了奸淫，刘某菊未反抗。事后徐某松见刘某菊躺着不言不语，就向刘某菊认错并表示如果再发生此类事件就让刘某菊打其几下。数日后的一天19时许，徐某松趁刘某菊在其家中二楼客厅玩手机，以购买手机等为诱饵将刘某菊拉进其小女儿的房间对刘某菊实施了奸淫。过了几天后的一天7时许，刘某菊因故而独宿在其家，徐某松对刘某菊实施了奸淫。2020年2月27日13时许在其出租房内，徐某松以让刘某菊帮忙调电视为由将刘某菊叫至卧室，并趁机对刘某菊实施了奸淫。

2020年2月27日下午,被告人徐某松向张某承认奸淫刘某菊的事实,并由张某当面报警而在现场等待,到案后如实供述自己的罪行。

被告人徐某松当庭辩解,其与刘某菊发生性行为时刘某菊均没有反抗,双方是自愿。

徐某松的辩护人提出,刘某菊于侦查阶段未陈述徐某松有使用暴力或者胁迫的手段,应当认定双方系自愿发生的性关系,徐某松不构成强奸罪。

法院依照《刑法》第236条第1款,第237条第1款、第3款,第69条第1款,第67条第1款之规定,以强奸罪、猥亵儿童罪数罪并罚,判处被告人徐某松有期徒刑五年六个月。

【案件争点】

继父以购买手机等条件为诱惑奸淫未成年继女的,能否认定违背妇女意志,构成强奸罪。

【裁判要旨】

法院认为,被告人徐某松与被害人刘某菊第一次发生性行为,是在违背被害人刘某菊的意愿下,被告人徐某松实施暴力的性侵犯行为。被告人徐某松之后几次对被害人刘某菊实施奸淫行为时,从表面上看被害人刘某菊受到性侵害时行为反抗不力或者消极,但不能证明年满14周岁的被害人刘某菊自愿与被告人徐某松发生性行为,否则被害人刘某菊不会对其同学、母亲表示其不愿意和出于无奈之意思。被告人徐某松作为被害人刘某菊的继父,是对未成年被害人刘某菊负有教养职责的人,其利用优势地位和为被害人刘某菊购买手机之诱惑以及被害人刘某菊处于孤立无援的境地,迫使被害人刘某菊就范,而与其发生性关系,应当以强奸罪定罪处罚。

二、裁判规则提要

(一)长期共同生活的人员,应认定具有"共同家庭生活关系的人员",且不应苛求时间的长短

生父母、养父母、继父母等法定监护人,当然属于有共同家庭生活关系的人员,对此实践中并无疑问。实践中争议较大的是共同生活的非血亲人员,如姑父等姻亲,以及未成年人的母亲男友、情人等人员,是否属于有共同家庭生活关系的人员。

家庭作为一个基于法律拟制和自然血亲之上形成的概念,本质上是指长期共同生活,并通过相互抚养、赡养、救助等权利义务形成亲密关系的二人或数人。心理

学研究发现，生活在同一屋檐下的二人或数人，即便不存在自然或法律拟制的血亲关系，但因为长期共同生活，关系密切，成员之间同样会产生类似的情感纽带，形成类共同家庭生活关系。

判断是否形成共同家庭生活关系，需要从量、质两个方面予以把握：一方面，量的判断是基础。双方应是长期或稳定地生活在一起，才有可能形成共同家庭生活关系。判断长期或稳定地生活在一起，需结合具体案情，且不宜苛求时间长短。比如，在例案二中，被告人岑某某、方某系未成年被害人的姑父和姑姑，并非法定监护人，但因为未成年被害人跟随二人从老家来宁波并一同居住，二人系被害人在陌生环境中的依靠，与被害人之间已实质上形成监护、教养关系。被害人在与被告人共同生活的当月即遭性侵害，但因客观条件无法逃离，后继续与被告人共同生活数月，应认定为稳定生活在一起。被告人岑某某在首次猥亵被害人时即利用了"共同家庭生活关系"。另一方面，质的判断是关键，即在长期或稳定的共同生活中形成的一种固定的家庭成员之间的关系。比如，在例案一中，被告人戴某某系被害人母亲的男友，但被害人在长期共同生活中将王某视为父亲，以"爸爸"相称，实质上双方已形成"父女"关系。

因此，与未成年人长期、稳定共同生活，关系密切并形成类家庭生活关系的人员，应当认定为"具有共同家庭生活关系的人员"。

（二）有共同家庭生活关系的人员利用优势地位或被害人孤立无援的境地与已满14周岁的未成年女性发生性关系的，应认定违背未成年人性意志

《惩治性侵未成年人犯罪意见》第21条规定，对已满14周岁的未成年女性负有特殊职责的人员，利用其优势地位或者被害人孤立无援的境地，迫使未成年被害人就范，继而与其发生性关系的，以强奸罪定罪处罚。[①] 所谓"利用优势地位"进行奸淫，是指行为人故意利用和未成年被害人之间具有的监护、教育、医疗等特殊关系，以使未成年被害人在生活条件、接受教育或医疗等方面受到不利影响的方式，对被害人施加压力，使其不得不容忍行为人的奸淫。所谓利用未成年人"孤立无援的境地"进行奸淫，是指由于各种原因，未成年被害人处于不得不依赖于特殊职责人员的抚育、照顾等状况，而行为人有意利用此种状况，迫使被害人容忍其奸

---

① 该意见已失效，本条可参照2023年6月1日起施行的《办理强奸、猥亵未成年人案件解释》第6条："对已满十四周岁的未成年女性负有特殊职责的人员，利用优势地位或者被害人孤立无援的境地，迫使被害人与其发生性关系的，依照刑法第二百三十六条的规定，以强奸罪定罪处罚。"

淫行为。[①]

利用共同家庭生活关系对未成年人实施强奸的案件中，行为人一方通常是未成年女性的生活依靠和经济来源，在经济上、智力上、心理上都处于优势地位。作为被害方的未成年人，心理尚处于发育阶段，尚未形成对自我和对他人的稳定认知，遭受共同家庭生活关系中的成年人性侵害时，常常因为惧怕失去生活依靠和学费来源等而屈从，不敢反抗。正是基于双方在各个方面存在的天然强弱对比，行为人利用优势地位或者被害人孤立无援的境地实施奸淫时，根本不需要采取暴力手段，甚至于不需要采用明示的言语要挟，也完全可以迫使未成年被害人就范。这也常常使办案人员在办理此类案件时面临一个两难困境：在构建证据体系时，难以有效收集行为人以不给生活费、学费等不利影响实施要挟的证据材料，又无法根据被害人没有反抗表现即认定其是在自愿的情况下发生性关系。

考虑以上因素，相关案件的审判工作应当遵循两个原则：一是以被害人为中心架构证据体系；二是证明责任倒置。有共同家庭生活关系的人员如果与已满14周岁的未成年女性存在抚养、教养关系，本身就处于优势地位。除非被害人明确否认是基于生活压力、物质诱惑等原因，而是"同意"和"完全自愿"的情况下发生性关系，或者行为人提供充足的证据证实未成年女性是"同意"和"完全自愿"，否则就应当认定有共同家庭生活关系的人员是利用了优势地位或者被害人孤立无援的境地，违背未成年人意志而与其发生性关系，应当适用重罪，以强奸论处，即以未成年女性不同意为常态，以同意为例外原则处理，将已满14周岁未成年女性"同意"和"完全自愿"的证明责任转移到行为人身上。

（三）有共同家庭生活关系的人员，仅在已满14周岁未满16周岁的未成年女性完全自愿的情况下与其发生性关系，才以负有照护职责人员性侵罪定罪处罚

《刑法修正案（十一）》增设负有照护职责人员性侵罪，规定："对已满十四周岁不满十六周岁的未成年女性负有监护、收养、看护、教育、医疗等特殊职责的人员，与该未成年女性发生性关系的，处三年以下有期徒刑；情节恶劣的，处三年以上十年以下有期徒刑。"该罪法定刑明显低于强奸罪的法定刑。对有共同家庭生活关系的人采用非暴力手段性侵害已满14周岁未满16周岁的未成年女性，被害人无明显反

[①] 周峰、薛淑兰、赵俊甫、肖凤：《〈关于依法惩治性侵害未成年人犯罪的意见〉的理解与适用》，载《人民司法》2014年第1期。

抗的案件，应当着重区分该罪与强奸罪，做到罪责刑相适应。对此，我们认为：

1. 与未成年女性有共同家庭生活关系的人员，均是负有特殊职责的人员。负有照护职责人员性侵罪的犯罪主体是特殊主体，即对已满14周岁未满16周岁的女性未成年人负有监护、收养、看护、教育、医疗等特殊职责的人员。其中监护、收养均系法定概念，具有特定的含义。如监护人的范围，限于《民法典》第27条规定的父母、祖父母、外祖父母、成年兄姐等。司法实践中容易发生认识分歧的是，与未成年女性长期共同生活，具有共同家庭生活关系的非监护、收养人员，能否成为该罪的犯罪主体。我们认为，负有照护职责人员性侵罪的立法本意在于对未成年女性的全面保护、优先保护、倾斜保护。罪状表述中的"等"特殊职责人员，是等外等。能否成为该罪的犯罪主体需要进行实质判断。有共同家庭生活关系的人员，实质上已经形成监护、教养关系的，可成为该罪的主体。

2. 有共同家庭生活关系的人员，在已满14周岁未满16周岁未成年女性完全自愿的情况下与其发生性关系的，认定构成负有照护职责人员性侵罪。设立负有照护职责人员性侵罪，旨在进一步保护未成年女性的身心健康。已满14周岁未满16周岁的未成年女性，其生活经验、社会阅历、对性的认知能力尚存欠缺，面对一些特定关系人实施侵害时，不具备完全的自我保护能力。因此，刑法明确禁止负有特殊职责的人员与已满14周岁未满16周岁的女性未成年人发生性关系，即便是在该女性"同意"的情况下。① 认定被害人是否完全自愿的实践标准前文已述，即除非被害人明确否认自己是基于经济压力、物质诱惑等原因，坚持是出于爱慕等心态而"完全自愿"与被告人发生性关系，或者行为人提供充足的证据证实未成年女性是"完全自愿"，否则一律认定违背未成年女性意志。

3. 有共同家庭生活关系的人员，利用其优势地位或者被害人孤立无援的境地，对已满14周岁未满16周岁的未成年女性实施性侵害的，构成强奸罪而非负有照护职责人员性侵罪。司法实践中，利用优势地位或者被害人孤立无援的境地典型表现为以不给生活费等事由相要挟，或以物质条件相引诱。存在此类情形的，即便被害人在发生性关系时没有明显反抗，表现顺从，仍应认定行为人构成强奸罪。否则，只能以负有照护职责人员性侵罪定罪处罚。利用其优势地位或者被害人孤立无援的境地，对已满16周岁未满18周岁未成年女性实施性侵害的，亦构成强奸罪。根据

---

① 王爱立主编：《中华人民共和国刑法释义》，法律出版社2021年版，第501页。

《惩治性侵未成年人犯罪意见》第 21 条的规定,① 该意见保护对象是已满 14 周岁的未成年女性,既包括已满 14 周岁未满 16 周岁的未成年女性,也包括已满 16 周岁未满 18 周岁的未成年女性,其年龄范围大于负有照护职责人员性侵罪。

三、辅助信息

《刑法》

第二百三十六条　以暴力、胁迫或者其他手段强奸妇女的,处三年以上十年以下有期徒刑。

奸淫不满十四周岁的幼女的,以强奸论,从重处罚。

强奸妇女、奸淫幼女,有下列情形之一的,处十年以上有期徒刑、无期徒刑或者死刑:

(一)强奸妇女、奸淫幼女情节恶劣的;

(二)强奸妇女、奸淫幼女多人的;

(三)在公共场所当众强奸妇女、奸淫幼女的;

(四)二人以上轮奸的;

(五)奸淫不满十周岁的幼女或者造成幼女伤害的;

(六)致使被害人重伤、死亡或者造成其他严重后果的。

第二百三十六条之一　对已满十四周岁不满十六周岁的未成年女性负有监护、收养、看护、教育、医疗等特殊职责的人员,与该未成年女性发生性关系的,处三年以下有期徒刑;情节恶劣的,处三年以上十年以下有期徒刑。

有前款行为,同时又构成本法第二百三十六条规定之罪的,依照处罚较重的规定定罪处罚。

《民法典》

第二十七条　父母是未成年子女的监护人。

未成年人的父母已经死亡或者没有监护能力的,由下列有监护能力的人按顺序担任监护人:

---

① 该《意见》已废止,该条规定被 2023 年 6 月 1 日生效的《办理强奸、猥亵未成年人案件解释》第 6 条吸收。

（一）祖父母、外祖父母；

（二）兄、姐；

（三）其他愿意担任监护人的个人或者组织，但是须经未成年人住所地的居民委员会、村民委员会或者民政部门同意。

第二十八条　无民事行为能力或者限制民事行为能力的成年人，由下列有监护能力的人按顺序担任监护人：

（一）配偶；

（二）父母、子女；

（三）其他近亲属；

（四）其他愿意担任监护人的个人或者组织，但是须经被监护人住所地的居民委员会、村民委员会或者民政部门同意。

《未成年人保护法》

第五十四条　禁止拐卖、绑架、虐待、非法收养未成年人，禁止对未成年人实施性侵害、性骚扰。

禁止胁迫、引诱、教唆未成年人参加黑社会性质组织或者从事违法犯罪活动。

禁止胁迫、诱骗、利用未成年人乞讨。

《办理强奸、猥亵未成年人案件解释》

第六条　对已满十四周岁的未成年女性负有特殊职责的人员，利用优势地位或者被害人孤立无援的境地，迫使被害人与其发生性关系的，依照刑法第二百三十六条的规定，以强奸罪定罪处罚。

涉家庭暴力刑事案件裁判规则第 18 条：

利用教养、监护关系多次强奸未成年女性、奸淫幼女的，应认定强奸妇女、奸淫幼女"情节恶劣"

【规则描述】 利用教养、监护关系多次强奸未成年女性、奸淫幼女的，有多项从严量刑情节。将利用教养、监护关系多次强奸未成年女性、奸淫幼女的行为认定为强奸妇女、奸淫幼女情节恶劣，符合罪责刑相适应原则，符合量刑规范化的要求。

一、可供参考的例案

例案一：张某某强奸案（继父犯罪）

【法院】

北京市顺义区人民法院

【案号】

一审：（2017）京 0113 刑初 855 号

【控辩双方】

公诉机关：北京市顺义区人民检察院

被告人：张某某

【基本案情】

被告人张某某与刘某于 2003 年 4 月结婚，被害人莫某（女，1996 年 3 月 3 日出生）系刘某与前夫之女，三人共同居住。

自 2007 年夏天至 2017 年 4 月，被告人张某某采用言语威胁手段，先后在北京市顺义区家中多次和莫某发生性关系。莫某于 2017 年 4 月 29 日 20 时许在家中报警，被告人张某某明知莫某报警并在家中等待，于同日 21 时许被民警传唤到案。

张某某辩称指控的事实不成立。

张某某的辩护人提出，无司法解释明确规定奸淫幼女"情节恶劣"的认定标准，结合本案情节，不应认定张某某构成奸淫幼女"情节恶劣"。

法院依照《刑法》第 236 条第 2 款、第 3 款第 1 项之规定，以强奸罪判处被告人张某生有期徒刑十二年，剥夺政治权利二年。

【案件争点】

继父利用教养、监护关系多次强奸未成年人的，是否属于强奸妇女、奸淫幼女"情节恶劣"。

【裁判要旨】

法院认为，根据罪责刑相适应原则，同一法定刑档次内的量刑情节所体现的罪责应相当，故认定"情节恶劣"的标准，应当与《刑法》第 236 条第 3 款第 2 项至第 5 项所列"强奸妇女、奸淫幼女多人""在公共场所当众强奸妇女""轮奸""致使被害人重伤、死亡或造成其他严重后果的"等情形的严重性相当。在性侵害未成年人案件中，与未成年人有共同家庭生活关系的人员具有接触未成年人的便利条件，实施性侵害行为更为隐蔽，持续时间通常更长，行为人长期多次对同一被害人进行强奸，通常具有霸占被害人为自己性工具的意图，而不能独立生存的未成年被害人不具有一般人的认知、反抗能力或者反抗能力极弱，难以抗拒行为人的侵害或者作出合理的抉择。被害人年龄越小，身体发育越不成熟，多次或长期被侵害，容易遭受严重的身心伤害，可能终生无法摆脱被侵害的心理阴影，无法像正常人一样生活与工作。也正因如此，《惩治性侵未成年人犯罪意见》第 25 条规定，对未成年人实施强奸犯罪的，应当从重处罚，如果具有与未成年人有共同家庭生活关系的人员实施强奸犯罪，采取暴力、胁迫等强制手段实施奸淫幼女犯罪，对不满 12 周岁的儿童实施强奸犯罪，多次实施强奸犯罪等情形之一的，更要依法从严惩处。综上，与未成年人有共同家庭生活关系的人员实施上述性侵害的整个过程体现出较深的主观恶性和较大的社会危害性，总体上与《刑法》第 236 条第 3 款第 2 项至第 5 项所列举的单项加重情节的危害程度相当，依法需要从严惩处。

具体到本案，被告人张某某作为被害人莫某的继父，长期与被害人共同生活，理应关爱照顾被害人健康成长，但其为满足个人淫欲，利用被害人年幼无知、其母亲不在家时孤立无援的环境条件、优势地位，或者以言语威胁等手段，自被害人不满 12 周岁即开始长期、多次、强行与被害人发生性关系，其行为之恶劣不仅突破了人伦道德底线，更给被害人身心造成了终生难以治愈的创伤，综上可以认定被告人张某某的行为符合"强奸妇女、奸淫幼女情节恶劣"之情形。

例案二：谢某清强奸案（亲生父亲犯罪）

【法院】

四川省广元市利州区人民法院

【案号】

一审：（2020）川0802刑初245号

【控辩双方】

公诉机关：四川省广元市利州区人民检察院

被告人：谢某清

【基本案情】

2017年至2020年1月间，被告人谢某清在四川省广元市利州区、剑阁县等地的租住房、酒店内多次对其亲生女儿谢某（生于2004年6月22日）实施猥亵、奸淫行为。其中2017年6月的一天，谢某清在广元市利州区××街的租住房内睡午觉时，先用手摸谢某的胸部、阴部，与谢某搂抱、亲嘴，后用自己的生殖器蹭、摩擦谢某的阴部至射精。2017年9月的一天，谢某清在剑阁县××镇其前妻的租住房内，先用手摸谢某的胸部、阴部，与谢某搂抱、亲嘴，后用自己的生殖器蹭、摩擦谢某的阴部至射精。2018年夏天的一天，谢某清将谢某带至广元市利州区一酒店房间内，先对谢某实施搂抱、亲嘴，后强行与其发生了性关系。2019年9月至11月，谢某清在广元市一医院宿舍内，先后三次强行与谢某发生了性关系。2020年1月4日，谢某清在广元市利州区其租住房内，强行与谢某发生了性关系。

被告人谢某某及其辩护人辩称，审查起诉阶段被告人自愿签署认罪认罚具结书，接受公诉机关有期徒刑九年至九年六个月的量刑建议。谢某某已经取得被害人谅解。公诉机关变更指控，认为谢某某"强奸妇女、奸淫幼女情节恶劣"并建议判处有期徒刑十一年到十三年，该建议刑期过重。

法院依照《刑法》第236条第1款和第3款第1项之规定，以强奸罪判处被告人谢某清有期徒刑十一年。

【案件争点】

生父利用监护人地位，奸淫不满14周岁的亲生女儿，在被害人年满14周岁后又多次实施奸淫的,是否认定为情节恶劣。

【裁判要旨】

四川省广元市利州区人民法院认为,被告人谢某清奸淫不满14周岁的幼女,以及在被害人年满14周岁后,谢某清作为对未成年女性负有特殊职责的人员,利用其优势地位及被害人孤立无援的境地,迫使未成年被害人就范,而与其发生性关系,其行为已构成强奸罪。被告人的行为违背人伦道德,严重挑战社会伦理道德底线,其具有接触未成年被害人的便利条件,实施性侵行为更为隐蔽,一般人难以发现,持续时间更长,社会危害更大,严重危害被害人身心健康,对未成年人成长极为不利,导致被害人多次自残及表达轻生的想法,其行为应认定为"强奸妇女、奸淫幼女情节恶劣"。

例案三:赵某某强奸案(亲生父亲犯罪)

【法院】

浙江省杭州市中级人民法院

【案号】

一审:(2017)浙01刑初144号

【控辩双方】

公诉机关:浙江省杭州市人民检察院

被告人:赵某某

【基本案情】

被告人赵某某与被害人赵某(1994年1月出生)系父女关系。2004年至2013年间,被告人赵某某采用暴力、胁迫、给零花钱利诱等手段长期多次与赵某发生性关系。其中,2004年至2009年,被告人赵某某在安徽省宿州市灵璧县家中,利用其监护人地位以及被害人赵某年幼无知、孤立无援的处境对赵某实施奸淫;2009年至2013年,被害人赵某来杭后,被告人赵某某在杭州市滨江区出租房内,继续利用其优势地位及赵某孤立无援的处境,强行多次对赵某实施奸淫,直至2014年赵某离家出走。

2017年3月7日,被害人赵某向公安机关报警,同日,被告人赵某某被抓获归案。

被告人赵某某辩称,首次发生性关系时被害人已满16周岁,自己未使用强迫手段。

赵某某的辩护人提出，在案证据不足以证实赵某某与被害人第一次发生性关系的时间为2004年，赵某某未对被害人实施暴力、胁迫。赵某某认罪悔罪态度好。据此请求对赵某某从轻处罚。

法院依照《刑法》第236条第2款、第3款第1项，第67条第3款，第55条第1款，第56条第1款之规定，以强奸罪判处被告人赵某某无期徒刑，剥夺政治权利终身。

【案件争点】

生父利用监护人地位，长期奸淫未满14周岁亲生女儿的，可否从严惩处，判处无期徒刑以上刑罚。

【裁判要旨】

法院认为，被告人赵某某利用其监护人地位，采用暴力、胁迫、给零花钱利诱等手段奸淫亲生女儿，其行为已构成强奸罪。赵某某采用暴力、胁迫、利诱等手段长期多次奸淫其亲生幼女赵某，犯罪情节极其恶劣，社会影响极差，且被告人赵某某缺乏认罪悔罪态度，应从重处罚。

二、裁判规则提要

（一）将利用教养、监护关系多次奸淫未成年人认定为情节恶劣，符合罪责刑相适应原则

利用教养、监护关系多次奸淫未成年人的，具有如下多项从严量刑情节：

1.性侵害未成年人。近年来，对未成年人实施奸淫、猥亵，诱骗、组织、强迫未成年少女卖淫等违法犯罪活动时有发生，这些犯罪给未成年人身心健康造成了严重伤害，在社会上造成了极为恶劣的影响，人民群众反响十分强烈。对未成年人进行特殊、优先保护，将性侵害未成年人作为最严重的犯罪予以打击，是司法文明的必然要求。《办理强奸、猥亵未成年人案件解释》明确规定，依法从严惩处性侵害未成年人犯罪。

2.利用教养、监护关系实施奸淫。生父、养父、继父等负有教养、监护职责的人员，与未成年人有共同家庭生活关系。此类人员具有接触未成年人的便利条件，实施性侵害行为更为隐蔽，持续时间通常更长，且因其身份特殊，对未成年人身心造成的伤害更大。因此，更有必要从严惩处此类人员针对未成年人的性侵害犯

罪。与未成年人有共同家庭生活关系的人员实施强奸、猥亵犯罪的，更要依法从严惩处。

3.多次实施奸淫。行为人长期、多次对同一被害人进行强奸，通常具有霸占被害人为自己性工具的意图。而在遭受多次性侵害后被害人仍选择隐忍，则表明其难以抗拒行为人的侵害或者作出合理的抉择，其身心遭受的创伤更大。从被告人的主观恶性和造成的后果考量，对同一被害人多次实施奸淫的，均应从重处罚。《办理强奸、猥亵未成年人案件解释》第2条第1项规定，强奸已满14周岁的未成年女性或者奸淫幼女，负有特殊职责的人员多次实施强奸、奸淫的，应当认定为《刑法》第236条第3款第1项规定的"强奸妇女、奸淫幼女情节恶劣"。

《刑法》第61条规定，对于犯罪分子决定刑罚的时候，应当根据犯罪的事实、犯罪的性质、情节和对于社会的危害程度，依照刑法的有关规定判处。利用教养、监护关系多次奸淫未成年人的，正是有多项从严处罚情节，对其认定情节恶劣，符合罪责刑相适应原则。

（二）将利用教养、监护关系多次奸淫未成年人认定为情节恶劣并判处十年以上有期徒刑、无期徒刑、死刑的，符合量刑规范化的要求

根据《最高人民法院关于常见犯罪的量刑指导意见》（以下简称《量刑指导意见》）的规定，量刑的基本步骤如下：根据基本犯罪构成事实在相应的法定刑幅度内确定量刑起点；根据其他影响犯罪构成的犯罪数额、犯罪次数、犯罪后果等犯罪事实，在量刑起点的基础上增加刑罚量确定基准刑；根据量刑情节调节基准刑，并综合考虑全案情节，依法确定宣告刑。

考虑到利用教养、监护关系多次强奸未成年女性、奸淫幼女的案件，属于手段恶劣、后果严重、社会反响强烈的恶性犯罪案件，在确定起点刑时应从严把握，量刑起点普遍掌握在六年到七年之间。同时，各省研究制定的《量刑指导意见》的实施细则，均根据奸淫的次数、行为人主体的特殊性等，确定增加基准刑的幅度。因此，利用教养、监护关系多次奸淫未成年人的案件，认定情节恶劣并判处十年有期徒刑以上刑罚，符合量刑规范化的要求。《量刑指导意见》也就此规定，认定情节恶劣的，可以在十年到十三年有期徒刑内确定量刑起点，判处无期徒刑以上刑罚的除外。

三、辅助信息

《刑法》

第六十一条 对于犯罪分子决定刑罚的时候，应当根据犯罪的事实、犯罪的性质、情节和对于社会的危害程度，依照本法的有关规定判处。

第二百三十六条 以暴力、胁迫或者其他手段强奸妇女的，处三年以上十年以下有期徒刑。

奸淫不满十四周岁的幼女的，以强奸论，从重处罚。

强奸妇女、奸淫幼女，有下列情形之一的，处十年以上有期徒刑、无期徒刑或者死刑：

（一）强奸妇女、奸淫幼女情节恶劣的；

（二）强奸妇女、奸淫幼女多人的；

（三）在公共场所当众强奸妇女、奸淫幼女的；

（四）二人以上轮奸的；

（五）奸淫不满十周岁的幼女或者造成幼女伤害的；

（六）致使被害人重伤、死亡或者造成其他严重后果的。

《办理强奸、猥亵未成年人案件解释》

第一条 奸淫幼女的，依照刑法第二百三十六条第二款的规定从重处罚。具有下列情形之一的，应当适用较重的从重处罚幅度：

（一）负有特殊职责的人员实施奸淫的；

（二）采用暴力、胁迫等手段实施奸淫的；

（三）侵入住宅或者学生集体宿舍实施奸淫的；

（四）对农村留守女童、严重残疾或者精神发育迟滞的被害人实施奸淫的；

（五）利用其他未成年人诱骗、介绍、胁迫被害人的；

（六）曾因强奸、猥亵犯罪被判处刑罚的。

强奸已满十四周岁的未成年女性，具有前款第一项、第三项至第六项规定的情形之一，或者致使被害人轻伤、患梅毒、淋病等严重性病的，依照刑法第二百三十六条第一款的规定定罪，从重处罚。

第二条 强奸已满十四周岁的未成年女性或者奸淫幼女，具有下列情形之一的，应当认定为刑法第二百三十六条第三款第一项规定的"强奸妇女、奸淫幼女情节恶劣"：

（一）负有特殊职责的人员多次实施强奸、奸淫的；

涉家庭暴力刑事案件裁判规则第 19 条：
性侵害对象为未成年人的，应当判赔心理康复治疗费用

【规则描述】 性侵害犯罪行为导致被害人承担的心理康复治疗费用是实际物质损失，包括已经发生的损失和必然遭受的损失。在办理性侵害未成年人案件时判赔心理康复治疗费用，于法有据。

一、可供参考的例案

例案一：劳某飞强奸案（继父犯罪）

【法院】
　　一审：广东省广州市中级人民法院
　　二审：广东省高级人民法院
【案号】
　　一审：（2018）粤 01 刑初 107 号
　　二审：（2018）粤刑终 1151 号
【控辩双方】
　　原公诉机关：广东省广州市人民检察院
　　上诉人（原审被告人）：劳某飞
　　上诉人（原审刑事附带民事诉讼原告人）：应某某
【基本案情】
　　被告人劳某飞与被害人应某某（未成年）系继父女关系。自 2015 年上半年开始，被告人劳某飞先后在其位于广东省广州市和湖南省常德市的住处，强行与被害人应某某发生性关系近百次。2017 年 4 月 8 日晚，被告人劳某飞又在广州市花都区 ×× 镇 ×× 村家中洗手间内强行与应某某发生性关系。2017 年 4 月 13 日，应某某在学

校宿舍割腕自杀,被同学发现后送学校医务室救治。2017 年 4 月 20 日,应某某在学校老师陪同下向公安机关报案。2017 年 4 月 27 日,被告人劳某飞在广州市花都区被警方抓获。

一审法院依照《刑法》第 236 条第 3 款第 1 项、第 36 条第 1 款、第 55 条第 1 款、第 56 条第 1 款、第 61 条、第 67 条第 3 款,《刑事诉讼法司法解释》(2012 年)第 155 条第 1 款及第 2 款,《民法通则》第 119 条,《最高人民法院关于审理人身损害赔偿案件适用法律若干问题的解释》第 17 条第 1 款之规定,以强奸罪判处被告人劳某飞有期徒刑十五年,剥夺政治权利五年。驳回附带民事诉讼原告人要求赔偿心理康复治疗费用的诉求。

上诉人(原审被告人)劳某飞提出,原判量刑过重。

上诉人(原审附带民事诉讼原告人)应某某上诉提出,要求改判支持赔偿心理康复治疗费用。

二审法院认为,上诉人劳某飞无视国家法律,身为对未成年人具有监护等特殊职责的人员,在两年内持续、多次强行与未成年女性发生性关系,造成被害人自杀的后果,情节恶劣,其行为已构成强奸罪。原判认定事实清楚,证据确实、充分,定罪准确,量刑适当,审判程序合法。上诉人劳某飞及其辩护人的上诉理由、辩护意见经查证均不能成立,不予采纳。原判判决上诉人劳某飞赔偿医疗费、鉴定费的数额适当,唯未支持上诉人应某某提出的心理康复治疗费的赔偿请求,未充分保障未成年被害人的合法权益,故依照《刑事诉讼法》第 236 条第 1 款第 1 项、第 2 项,《刑事诉讼法司法解释》(2012 年)第 155 条第 1 款、第 2 款之规定,在维持一审以强奸罪判处被告人劳某飞有期徒刑十五年,剥夺政治权利五年的同时,撤销原审附带民事判项,支持原告人心理康复治疗费用 10 万元的赔偿诉讼请求。

【案件争点】

性侵害对象为未成年人,心理康复治疗费用是否属于附带民事诉讼赔偿范围。

【裁判要旨】

关于附带民事诉讼部分的处理,二审法院的评判如下:附带民事诉讼赔偿的范围是被害人由于被告人的犯罪行为而遭受的物质损失,该物质损失包括被害人已经遭受的实际损失和必然遭受的损失。本案中,附带民事诉讼上诉人应某某多次遭受劳某飞的性侵害,身心均遭受了极大的伤害,以致其作出了试图割腕自杀的极端行为。广东省某大学附属××医院、广东某心理分析研究院出具的诊断报告、评估报告也证实,应某某存在抑郁等多方面的心理问题。上诉人应某某及其代理人虽未提交证据证实心理康复治疗费用已实际产生，但在案证据足以证实应某某遭受了心理伤害，对应某某进行心理康复治疗是必不可少的，考虑到心理康复治疗周期较长的特点，该心理康复治疗的费用属于未来一段时间必然发生的物质损失，理应由实施性侵害的上诉人劳某飞承担。参照《惩治性侵未成年人犯罪意见》第7条的规定，人民法院应从有利于未成年人身心健康的角度，为做好未成年被害人的心理安抚、疏导工作给予必要的帮助。对于未成年被害人因被性侵害造成心理伤害而实际产生或必然产生的心理康复治疗等合理费用，未成年被害人及其法定代理人、近亲属提出赔偿请求的，人民法院予以支持，符合对未成年人予以特殊、优先保护的司法理念。综上，上诉人应某某的上诉请求具有法律和事实依据，法院予以采纳。上诉人应某某主张的心理康复治疗费金额偏高，结合心理现状评估报告认为"需进行180小时以上的心理辅导，最低报价为每小时600元"的意见，酌情支持心理康复治疗费10万元的赔偿请求。

例案二：邢某某强制猥亵案（继父犯罪）

【法院】

一审：湖南省长沙市开福区人民法院

二审：湖南省长沙市中级人民法院

【案号】

一审：（2022）湘0105刑初376号

二审：（2022）湘01刑终1175号

【控辩双方】

原公诉机关：湖南省长沙市开福区人民检察院

上诉人（原审被告人）：邢某某

【基本案情】

被告人邢某某与被害人李某某（被性侵害时17周岁）系继父女关系。2010年，被告人邢某某与被害人李某某的母亲易某某结婚组成家庭，当时被害人李某某6岁，被害人李某某与母亲、姐姐、继父共同居住。被告人邢某某在与易某某婚姻关系存续期间，双方经常发生争吵，被告人邢某某对其母亲存在多次家暴行为，被害人李某某一直惧怕被告人邢某某。

2020年2月至2021年8月间，被告人邢某某为了满足个人性欲，在给被害人李某某金钱的同时，不断要求与被害人李某某发展成为男女朋友关系，并提出要与被害人李某某发生性关系，均遭到被害人李某某的拒绝。后被告人邢某某以把被害人李某某欠钱的事告知其母亲等相威胁，迫使被害人李某某同意与被告人邢某某在长沙市××区×××酒店多次开房，或在被告人邢某某的车上单独相处，被告人邢某某乘机多次对被害人李某某采取抚摸胸部和下体等方式强行实施猥亵。

2021年8月11日，被告人邢某某以逼迫被害人李某某还钱、与被害人李某某一起去死等相威胁，强迫被害人李某某来到长沙市××区×××酒店房间内并对其强行猥亵。后被害人李某某出现抑郁和自杀、自残行为。

2021年11月29日，被告人邢某某主动到××派出所投案，到案后如实供述了自己的犯罪事实。

另查明：原告人于2019年5月20日被××大学××医院诊断为：（1）双相障碍；（2）抑郁状态。2021年8月16日进行复诊。2021年8月18日，再次经××大学××医院诊断为：双相障碍；重度抑郁。2022年2月20日，原告人就诊于××心理诊所，该心理诊所为其制定了1年的心理治疗方案，预计费用为72000元。

一审法院依照《刑法》第237条第1款、第2款，第67条第1款；《刑事诉讼法司法解释》（2012年）第175条、第182条、第188条、第192条之规定，以强制猥亵罪判处被告人邢某某有期徒刑十年，责令被告人邢某某向刑事附带民事诉讼原告人李某某赔偿各项经济损失共计人民币72747.42元。

上诉人邢某某仅对刑事部分提出上诉。

二审法院经审理，作出裁定：驳回上诉，维持原判。

【案件争点】

被害人需要治疗的双相情感障碍、抑郁症状所需费用虽尚未发生，但经评估确系原告的必要支出，是否应该支持。

【裁判要旨】

关于附带民事赔偿，一审法院认为，原告人主张的治疗心理双相障碍、抑郁症状拟支付的费用72000元，虽然尚未发生，但根据医院出具的诊断证明、原告个人的状况，结合××心理诊所对原告个人情况进行评估后制定的1年方案，认定该笔费用确系原告的必要支出，予以支持。加上医疗费344.42元和交通费403元，共计经济损失为72747.42元。

二、裁判规则提要

（一）因性侵害犯罪行为导致被害人承担的心理康复治疗费用是实际物质损失

在所有家庭暴力形式中，性暴力是最为严重的暴力形式。性暴力对被害人的摧残不仅包括身体伤害、对性器官的伤害，还包括精神上的摧残。很多时候，被害人遭受的心理伤害会远大于身体损害。身体损伤在药物治疗下会很快恢复，而精神上的消极情绪，比如觉得自己受到玷污而情绪低落、自卑不堪，从而厌世轻生等，则很可能长期伴随，并造成严重的次生后果。现代意义上的健康标准，已远非身体健康所能涵盖。根据世界卫生组织关于健康的定义，"健康乃是一种在身体上、精神上的完美状态，以及良好的适应力，而不仅仅是没有疾病和衰弱的状态。"身体健康和精神健康同样重要。

同时，性侵害对象为未成年人时，被害人心理创伤更为严重，所需的心理康复治疗费用更高。

精神分析理论及其临床实践认为：性侵害案件中的被害人，受侵害的年龄越小，性侵害行为对其正常的心智发育造成的伤害程度就越严重。除可能导致躯体和性器官的伤害外，最严重的是导致未成年人正常的人格发育在某个点时出现停滞，[1]即心智发育停留在遭受性侵害的那一刻，此后该心理创伤遵从人类创伤的运行规律，在被害人未来的生活中强迫性地重复，一次又一次地被触发，若不能接受专业的心理干预，将终生影响被害人的生活、学习和工作能力。

人格发育停滞造成的后果包括但不限于以下方面：强烈的无法言说的羞耻感、[2]强烈的自卑导致的自暴自弃、无价值感以至于觉得自己不配活着；内心的痛苦如此强烈、感受如此绝望，以至于不得不刻意制造身体上的痛苦来缓解精神层面的痛苦和折磨，甚至出现非自杀性自伤（残）或自杀行为；[3]例案一和例案二中的被害人都属于这种情况。她们因为被曾经信任、赖以生存和赖以提供保护和支持的家长性侵害，以致内心产生强烈的不安全感，再也无法相信他人，再也无法相信周围环境是友

---

[1] ［美］南希·麦克威廉斯：《精神分析诊断：理解人格结构》，中国轻工业出版社2015年版，第69～70页。

[2] ［美］朱迪思·赫尔曼：《创伤与复原》，机械工业出版社2015年版，第31～32页、第60～64页。

[3] ［美］史蒂芬·雷文克隆：《割腕的诱惑：停止自我伤害》，我国台湾地区心灵工坊2004年版。

好的，会变得过度敏感和警觉，难以与人建立友情，更难以建立稳定的亲密关系。①

这样影响深远的伤害后果，若因为经济困难无法获得有效的心理干预，未来将会有很大的概率，不仅会影响被害人成年后的工作能力，更影响其在工作中和婚姻家庭中的人际关系，特别是其抚养孩子的模式。心理治疗临床实践发现，性侵害案件被害人为治疗精神创伤，需要付出的时间、毅力和金钱甚至超过疗愈身体伤害所需要的付出。因此，被害人因被性侵犯罪遭受的心理康复治疗费用当然属于必要的物质性损害赔偿。

（二）实际物质损失包括已经发生的损失和必然遭受的损失

司法实践中，人民法院判令赔偿数额时，往往仅针对已经发生的直接物质损失。精神创伤治疗系长期治疗，所需时间长，相关费用在提起诉讼时无法确定，法院一般以此为由不予支持或仅支持较少数额的心理康复治疗费用。但是，《最高人民法院公报》2019年第3期发布"尹瑞军诉颜礼奎健康权、身体权纠纷案"，认为刑事案件被害人因犯罪行为造成残疾的，今后的生活和工作必然受到影响，导致劳动能力下降，造成生活成本增加，进而减少物质收入，残疾赔偿金应属物质损失的范畴，应予赔偿。上述公报案例已经表明，刑事附带民事诉讼应予赔偿的物质损失，不仅包括已经发生的损失，还包括未来一段时间必然发生的物质损失。

（三）在办理性侵害未成年人案件时判赔心理康复治疗费用，于法有据

《刑事诉讼法司法解释》（2021年）第175条第2款规定，因受到犯罪侵犯，提起附带民事诉讼或者单独提起民事诉讼要求赔偿精神损失的，人民法院一般不予受理。既然是"一般不予受理"，就存在例外情形，判赔遭受性侵未成年人的心理康复治疗费用，即属于"例外"。

《惩治性侵未成年人犯罪意见》第31条也有类似原则性规定，对于未成年人因被性侵害而造成的人身损害，为进行康复治疗所支付的医疗费、护理费、交通费、误工费等合理费用，未成年被害人及其法定代理人、近亲属提出赔偿请求的，人民法院依法予以支持。在有关的解读文件中，起草人员明确指出"康复治疗费用包括身体医治和精神诊治所支出的费用。被害人提出赔偿请求并提供就诊病历、收费票

---

① ［美］朱迪思·赫尔曼：《创伤与复原》，机械工业出版社2015年版，第31~32页、第47~53页。

据等相应证据的,人民法院依法予以支持"①。

(四)判断被害人未来一段时间必然发生的物质损失的金额,可结合心理评估报告和心理辅导市场价格,予以综合认定

与伤残等级鉴定意见书中有关伤残等级、误工时长等评估意见类似,参与被害人精神状态评估的人员根据其专业知识作出的有关心理问题严重程度和治疗该问题所需治疗时长的报告,是一项针对专业性问题的检验报告。参考鉴定意见的审查标准,认为符合客观真实的,应予采信,并作为判令赔偿数额的主要依据。比如,在例案一中,被害人应某某多次割腕,某大学附属××医院、广东某心理分析研究院出具的诊断报告、评估报告,均证实应某某存在抑郁等多方面的严重心理问题,需要心理干预和长期治疗,并对心理辅导时长予以评估。在例案二中,被害人李某某同样出现抑郁和自杀、自残行为。医院诊断为其存在双相情感障碍、重度抑郁,需要治疗。其就诊的××心理诊所为其制定了1年的心理治疗方案,预计费用为72000元。上述两案的法院均采信了心理专业机构出具的评估意见,作为判赔未来一段时间被害人必然发生的实际物质损失的依据,并结合市场公开的最低报价,就低认定必然发生的实际物质损失,而不再强求被害人另行提供发票、收据等证据材料,无疑是正确的。

三、辅助信息

《刑法》

第三十六条 由于犯罪行为而使被害人遭受经济损失的,对犯罪分子除依法给予刑事处罚外,并应根据情况判处赔偿经济损失。

承担民事赔偿责任的犯罪分子,同时被判处罚金,其财产不足以全部支付的,或者被判处没收财产的,应当先承担对被害人的民事赔偿责任。

---

① 最高人民法院、最高人民检察院于2023年5月24日发布《办理强奸、猥亵未成年人案件解释》,其中第14条规定:对未成年人实施强奸、猥亵等犯罪造成人身损害的,应当赔偿医疗费、护理费、交通费、营养费、住院伙食补助费等为治疗和康复支付的合理费用,以及因误工减少的收入。根据鉴定意见、医疗诊断书等证明需要对未成年人进行精神心理治疗和康复,所需的相关费用,应当认定为前款规定的合理费用。该解释已于2023年6月1日生效。它为法院判处性侵未成年女性案件被告人赔付被害人后续心理治疗费提供了明确的依据。《惩治性侵未成年人犯罪意见》同时废止。

《刑事诉讼法司法解释》（2021年）

第一百七十五条第二款 因受到犯罪侵犯，提起附带民事诉讼或者单独提起民事诉讼要求赔偿精神损失的，人民法院一般不予受理。

《办理强奸、猥亵未成年人案件解释》

第十四条 对未成年人实施强奸、猥亵等犯罪造成人身损害的，应当赔偿医疗费、护理费、交通费、营养费、住院伙食补助费等为治疗和康复支付的合理费用，以及因误工减少的收入。

根据鉴定意见、医疗诊断书等证明需要对未成年人进行精神心理治疗和康复，所需的相关费用，应当认定为前款规定的合理费用。

涉家庭暴力刑事案件裁判规则第 20 条：
非正常婚姻状态下，丈夫违背妻子意志与之发生性关系的，构成强奸

【规则描述】　缔结婚姻关系并不意味着配偶双方须给予对方无条件及不可收回的性交同意，在夫妻双方处于分居、离婚诉讼或者婚姻关系名存实亡等非正常婚姻状态下，妻子可不履行夫妻间同居义务的承诺，丈夫违背妻子意志强行发生性关系的，构成强奸。

一、可供参考的例案

例案一：崔某某强奸案（分居期间丈夫犯罪）

【法院】
　　海南省海口市琼山区人民法院
【案号】
　　一审：（2016）琼 0107 刑初 248 号
【控辩双方】
　　公诉机关：海南省海口市琼山区人民检察院
　　被告人：崔某某
【基本案情】
　　2013 年 5 月 3 日，被告人崔某某与被害人屠某某登记结婚，婚后崔某某经常因双方发生争吵而殴打屠某某，并提出与屠某某离婚。2015 年 3 月，崔某某再次殴打屠某某后，屠某某便离开海口市琼山区两人暂住处一直至案发，未曾与崔某某同居生活，并多次提出与崔某某离婚，崔某某均不同意。2015 年 12 月 28 日，崔某某以

同意办理离婚手续为由诱骗屠某某到海口市秀英区民政局门口，然后强行将屠某某带到海口市琼山区其暂住处，用胶带把屠某某捆绑在椅子上，并用剪刀将屠某某的衣服剪光后，强行与屠某某发生了性关系。

被告人崔某某对起诉书指控的事实和罪名均没有意见。

法院依照《刑法》第 236 条第 1 款、第 67 条第 3 款之规定，以强奸罪判处被告人崔某某有期徒刑三年。

【案件争点】

分居期间，违背妻子意志强行发生性关系能否认定为强奸。

【裁判要旨】

法院认为，婚姻关系仅仅是性行为取得合法性的前提条件，性交合意才是性行为具有合法性的真正基础，夫妻之间只有取得了性交的合意，才能使得性交行为具有合法性。被告人崔某某与被害人虽为夫妻，但双方因矛盾均提出离婚，特别是被害人遭到被告人多次家庭暴力后，已离开被告人，长期与被告人分居生活，并多次提出离婚，夫妻之间感情已经破裂。被告人以同意离婚为由诱骗被害人与其见面后，强行将被害人带至其住处，用胶带对被害人进行捆绑，并强行与被害人发生性关系，其行为完全违背被害人意志，已构成强奸罪，应依法予以惩处。

例案二：金某某强奸案（分居期间丈夫犯罪）

【法院】

浙江省乐清市人民法院

【案号】

一审：（2020）浙 0382 刑初 1090 号

【控辩双方】

公诉机关：浙江省乐清市人民检察院

被告人：金某某

【基本案情】

被告人金某某与被害人池某某于 2011 年 5 月 9 日登记结婚。婚后金某某经常殴打池某某，甚至以刀具威胁。2017 年 7 月，池某某以感情破裂为由起诉至江西省修水县人民法院，要求与金某某离婚。两人孩子年幼，且金某某不愿意离婚，同年 8 月 30 日，江西省修水县人民法院经审理认为双方感情尚未破裂，判决驳回池某某的离婚诉讼请求。后金某某和池某某一直分居生活。2019年7月21日下午，金某某以带小孩去游玩为由，将池某某骗至其位于乐清市的暂住处。因发现池某某手机中有与其他男性的聊天记录，金某某便以拍摄池某某裸照、裸体视频并发到网上等方式相威胁，强行与池某某发生性关系。同日，池某某报案后，金某某被公安机关抓获。2020年6月12日，池某某与金某某协议离婚，办理了离婚登记。池某某对金某某的行为出具谅解意见。

法院依照《刑法》第236条第1款，第67条第3款，第72条第1款，第73条第2款、第3款，第76条和《刑事诉讼法》第15条之规定，以强奸罪判处被告人金某某有期徒刑三年，缓刑四年。

【案件争点】

分居期间，违背妻子意志强行发生性关系的能否认定为强奸。

【裁判要旨】

法院认为，被告人金某某在分居期间违背妻子意志，以威胁方法强行与妻子发生性关系，其行为构成强奸罪。

例案三：毛某刚强奸案（分居期间丈夫犯罪）

【法院】

广东省惠州市大亚湾经济技术开发区人民法院

【案号】

一审：（2019）粤1391刑初196号

【控辩双方】

公诉机关：广东省惠州市大亚湾经济技术开发区人民检察院

被告人：毛某刚

【基本案情】

被告人毛某刚与被害人吴某艳于2011年2月经人介绍认识，并于6月22日登记结婚。2017年3月，因夫妻感情不和，吴某艳搬离并租住他处，两人正式分居。2019年1月12日，毛某刚产生强行与吴某艳发生性关系的念头，并在厂里拿了绳子作为作案工具。

2019年1月13日23时许，毛某刚用偷配的钥匙进入吴某艳租住的×××公寓，意图和吴某艳发生性关系，吴某艳不愿意并反抗，在反抗过程中用牙齿咬伤毛某刚右手手腕。毛某刚遂用事先准备好的白色尼龙绳把吴某艳的双手绑在背后，为了防止吴某艳喊叫"救命"，毛某刚先用袜子塞住其嘴巴，后脱掉其裤子和内裤，强行两次与其发生性关系，在此过程中造成吴某艳多处软组织挫伤。第二次发生性关系期间，毛某刚还用白色尼龙绳和皮带把吴某艳的双脚绑住。之后，毛某刚拿吴某艳的手机和钥匙下楼买东西，吴某艳跳到阳台呼喊"救命"，后由群众报警并被公安民警解救。

经广东省惠州市大亚湾经济技术开发区公安司法鉴定中心鉴定，毛某刚的人体损伤程度属轻微伤。吴某艳的人体损伤程度未达轻微伤。

被告人毛某刚辩称与被害人于2017年3月才分居，被害人搞婚外恋，被其捉过奸，其经常带孩子，被害人还会来其家里做饭，其也想挽回这段婚姻。对起诉书指控的犯罪事实不持异议，表示认罪。

辩护人提出：被告人有从轻处罚的情节，一是被告人在犯罪中主观恶性不深，社会危害性不大。被告人和被害人是夫妻关系，虽然被告人违背了妻子的意愿，强行与其发生性关系，但并未对被害人造成严重后果，而且被害人在事后对其丈夫的违法行为出具了谅解书，对被告人的量刑应有别于社会上的强奸罪。二是被告人归案后主动交代犯罪事实，配合相关部门查处，自愿认罪，具有悔罪表现。三是被告人系初犯，无违法前科劣迹，文化程度低，法律意识淡薄。四是被告人在案发后，已深刻认识到自己犯下的错误，有改过自新、重新做人的良好愿望。综上，恳请法院在查明案件事实的基础上，对其从轻处罚。

法院依照《刑法》第236条第1款，第64条，第67条第3款，第72条第1款、第2款，第73条第2款、第3款之规定，以强奸罪判处被告人毛某刚有期徒刑三年，缓刑四年。

【案件争点】

分居期间，违背妻子意志强行发生性关系能否认定为强奸。

【裁判要旨】

法院认为，被告人毛某刚与被害人吴某艳的夫妻同居义务是从自愿结婚行为推定出来的伦理义务，不是法律规定的强制性义务。双方感情不和已经分居，不再承诺履行夫妻间同居的义务，双方已不具备正常的夫妻关系。在这种情况下，毛某刚在婚姻关系非正常存续期间，违背妻子的意志，采用绑、按、压等暴力手段，强行与之发生性行为，之后又以拍裸照威胁，已经不是基于爱情基础上的性要求，而是带有报复、发泄的动机。这种性行为脱离了婚姻的本来面目，具有了"强行"行为的客观特征，应当认定其是违背女方意愿的行为，严重侵犯了妻子的人身权利和性权利，其行为符合强奸罪的主观和客观特征，构成强奸罪。

二、裁判规则提要

（一）结婚证不是婚内强奸的许可证

夫妻性生活是婚姻生活的一部分。它满足夫妻双方正常的生理需要，提升婚姻关系的亲密度和双方对生活的满意度。依照《民法典》关于"夫妻在婚姻家庭中地位平等"之规定，夫妻双方在性关系中的地位平等。性是美好的事情，但能否享受性，与双方之间的情感关系紧密相关，因此，虽然从自愿结婚的行为可以推导出夫妻有同居的伦理义务，但是，这不是法律规定的强制性义务。[①] 合意才是性行为取得夫妻性生活合法性的基础。

"结婚证不是婚内强奸的许可证"的意思是，女性的性自主权不因婚姻关系的缔结而丧失。结婚证只代表男女双方在法律上成立婚姻关系。结婚证不代表"婚内无奸"。"婚内无奸"的隐含前提是，结婚证等同于女性的"卖身契"，代表女性一次性出卖了自己的性权利。只要一结婚，女性就自动放弃了拒绝婚内性行为的权利，而丈夫有权利随时随地、随心所欲地利用妻子的身体满足自己的性需要。[②] 从社会性别视角看，它导致了这样一种性别不平等的现象：强奸别人家的女人是犯罪，因为它侵犯了另一个男人（她的父亲或丈夫）的财产权；强奸妻子不是犯罪，因为妻子的性权利归丈夫所有，妻子只有满足丈夫性要求的义务，而没有拒绝的权利。[③] 这是封建社会男女不平等的观念在现代夫妻性关系中的体现。它严重违背了"夫妻在婚姻家庭中地位平等"的原则。

（二）非正常婚姻状态下，丈夫强奸妻子的动机是权力和控制

人们一般认为，丈夫强奸妻子，虽然违背妻子的意愿，但他的动机很可能是满足自己的性欲，而且这种情况在一些不平等的婚姻关系中比较普遍，只要女方不主张，一般不认为需要刑罚处置。但是，婚内强奸行为，并非只出于这一种可能。在夫妻双方处于分居、离婚诉讼期间或者婚姻关系名存实亡等非正常婚姻状态下，丈

---

① 《刑事审判参考》第51号案例：王卫明强奸案。
② 黄列、朱晓青主编：《性别与法律研究论坛（讲座和译文集）》（二），第226页。
③ 刘达临等：《中国婚姻家庭变迁》，中国社会出版社1998年版，第285页。

夫通过暴力、胁迫手段强奸妻子的，更多是出于敌意，目的是控制、威胁、惩罚、报复和羞辱妻子。① 换句话说，非正常婚姻状态下，丈夫强奸妻子的行为动机，可能不仅仅或者可能根本不是为了满足任何一方的性欲，更不是为了任何一方享受性生活的需要，而是婚姻关系中的强者，也是家庭暴力中的施暴者，带着满满的仇恨和恶意，鄙视和欺负弱者的霸凌行为。比如，在例案一中，被告人崔某某婚后多次施暴，直至打跑了被害人。双方分居后，被害人多次提出离婚，均被其拒绝。案发时，崔某某以同意办理离婚手续的名义将被害人骗至当地民政局门口，随后强行将其带到自己的住处绑起来，用剪刀剪光其衣服后，强奸了被害人。从精神分析视角看，崔某某的行为表达了"我讨厌你，恨你，所以要故意伤害你，但是我不允许你离开我"的态度和意思。在例案二、例案三中被告人金某某、被告人毛某刚的行为逻辑也基本相同。上述三例案中的被告人，都是在用暴力强奸行为向那个被自己打跑了的、坚决要离婚的妻子宣示：即使分居了，我依然对你的身体拥有占有权和控制权。

（三）非正常婚姻状态下，丈夫强行与妻子发生性关系构成强奸

我国《刑法》第 236 条第 1 款规定，以暴力、胁迫或者其他手段强奸妇女的，处三年以上十年以下有期徒刑。该规定并没有将丈夫排除在强奸罪的主体之外。如果丈夫违背妻子意愿，以暴力、胁迫或者其他手段，强行与妻子发生性关系的，同样可以构成强奸罪。这就如同丈夫杀死妻子或者妻子杀死丈夫一样，即使发生在婚姻关系存续期间，同样构成故意杀人罪。

在非正常婚姻状态下，丈夫对妻子不想发生性关系的意思主观上是明知的，其想强行发生性关系的意图也是明确的，其客观上也实施了通过暴力、胁迫等手段强行与妻子发生性关系的行为。如例案三中，毛某刚用白色尼龙绳和皮带把吴某艳的手脚绑住，系以暴力方式强行与被害人发生性关系。例案二中，金某某以拍摄妻子裸照、裸体视频并发到网上等方式相威胁，系以威胁方式强行与池某某发生性关系。故非正常婚姻状态下，丈夫强行与妻子发生性关系完全符合强奸罪的犯罪构成，应当认定为构成强奸罪。

---

① ［美］谢丽斯·克拉马雷、［澳］戴尔·斯彭德主编：《国际妇女大百科全书》，高等教育出版社 2007 年版，第 870 页。

三、辅助信息

《民法典》

第一千零五十五条　夫妻在婚姻家庭中地位平等。

《刑法》

第二百三十六条第一款　以暴力、胁迫或者其他手段强奸妇女的,处三年以上十年以下有期徒刑。

奸淫不满十四周岁的幼女的,以强奸论,从重处罚。

强奸妇女、奸淫幼女,有下列情形之一的,处十年以上有期徒刑、无期徒刑或者死刑:

（一）强奸妇女、奸淫幼女情节恶劣的;

（二）强奸妇女、奸淫幼女多人的;

（三）在公共场所当众强奸妇女、奸淫幼女的;

（四）二人以上轮奸的;

（五）奸淫不满十周岁的幼女或者造成幼女伤害的;

（六）致使被害人重伤、死亡或者造成其他严重后果的。

《刑事审判参考》第51号案例：王卫明强奸案——丈夫可否成为强奸罪的主体

我们认为,夫妻之间既已结婚,即相互承诺共同生活,有同居的义务。这虽未见诸法律明确规定或者法律的强制性规定,但已深深植根于人们的伦理观念之中,不需要法律明文规定。只要夫妻正常婚姻关系存续,即足以阻却婚内强奸行为成立犯罪,这也是司法实践中一般不能将婚内强奸行为作为强奸罪处理的原因。因此,在一般情况下,丈夫不能成为强奸罪的主体。但是,夫妻同居义务是从自愿结婚行为推定出来的伦理义务,不是法律规定的强制性义务。因此,不区别具体情况,对于所有的婚内强奸行为一概不以犯罪论处也是不科学的。例如,在婚姻关系非正常存续期间,如离婚诉讼期间,婚姻关系已进入法定的解除程序,虽然婚姻关系仍然存在,但已不能再推定女方对性行为是一种同意的承诺,也就没有理由从婚姻关系出发否定强奸罪的成立。就本案而言,被告人王卫明两次主动向法院诉请离婚,希望解除婚姻关系,一审法院已判决准予被告人王卫明与钱某离婚,且双方当事人对离婚均无争议,只是离婚判决书尚未生效。此期间，被告人王卫明与钱某之间的婚姻关系在王卫明主观意识中实质已经消失。因为是被告人主动提出离婚，法院判决离婚后其也未反悔提出上诉，其与钱某已属非正常的婚姻关系。也就是说，因被告人王卫明的行为，双方已不再承诺履行夫妻间同居的义务。在这种情况下，被告人王卫明在这一特殊时期内，违背钱某的意志，采用扭、抓、咬等暴力手段，强行与钱某发生性行为，严重侵犯了钱某的人身权利和性权利，其行为符合强奸罪的主观和客观特征，构成强奸罪。上海市青浦县人民法院认定被告人王卫明犯强奸罪，并处以刑罚是正确的。

致 谢

非常感谢我的同事们，尤其是代秋影、周维明。由于我是第一次担任主编，在做这项工作的过程中不免遇到很多困惑，因此不时请教丛书的编辑部主任代秋影研究员，或者请她代为与出版单位沟通。她总是有求必应地支持本书的编写工作。周维明副研究员担任了本书交叉审稿人（交叉审稿人是中国应用法学研究所为提高这套裁判规则丛书的稿件质量而特地设置的）。他是刑法学博士，长期担任《中国应用法学》杂志的编辑。他仔细地阅读了书稿，认真地从专业和编辑的角度提出了有益的审稿意见和修改建议，使得我们不仅提高了本书相关内容的准确性和清晰度，而且通过调整本书规则的排列顺序，相应地提升了读者阅读本书时的舒适感。对两位同事鼎力相助本书的编写工作深表谢意。

本书能够顺利出版，得益于人民法院出版社的同仁，特别是陈晓璇和杨佳瑞两位编辑。虽然我并不认识陈晓璇编辑，也从未直接联系过她，但当我通过代秋影研究员向陈晓璇编辑反映本书面临的境况即本书【类案检索大数据报告】一栏无法展现司法实践的真实情况，因而希望删除本书【类案检索大数据报告】栏目，本书字数也将不可避免地会随之大幅减少时，陈晓璇编辑很快表示了理解和认可。这使得本书得以呈现司法在涉家庭暴力刑事审判领域的真实情况和实践处境。此外，本书责任编辑杨佳瑞本着认真负责的态度和尽可能加快本书付梓出版进程的目标，在今年的五一劳动节前高效地完成了本书的审读校对，并提出了中肯而又细致的修改意见，她的修改意见为本书增色不少。对以上二位编辑，诚挚致谢。

陈 敏

2023 年 5 月 4 日